上）霧島連山のすそ野に広がる猟場でキュウシュウシカがくくり罠に掛かった。肉は食卓に上がり、毛皮はなめして毛鉤の素材に加工して販売する。山の恵みが我が家の生活の糧だ。
下）えびの市にあるクルソン峡でフライフィッシング。人気釣り場なのでヤマメの警戒心が高く、毛鉤の出来映えを試すのには最適。毛鉤釣り職人には釣りも仕事のうち。

A 春から秋にヤマメを釣る川は、冬はカモの猟場に変わる。家族の生活をかけ、3ヶ月間にわたりカモとの攻防戦を繰り広げる。日によってカモがお留守のこともあるので、猟場は多い方がいい。
B カモに気配を察知されないよう、射撃地点まで匍匐前進する。エアライフルの金属が太陽光を反射するだけで逃げられる。50m離れて狙撃する。
C 撃ち落して川を流下するカモを、自作の道具で回収する。草に隠れたり、対岸に引っ掛かることもあるので最後まで気が抜けない。
D 掛け鉤にオモリとウキを取り付けた通称「カモキャッチャー」。釣り竿で流下するカモめがけてぶん投げ、水面を引きながら引っ掛けて回収する。ラインはPE 5号。

E　毛鉤の素材にするカモの羽で、もっとも人気なのがCDC（カモのお尻の羽）。水鳥の尻部の尾脂腺の周囲に生えるCDCは、脂を含んだ柔らかくて繊細なファイバーが特徴。よく釣れる。
F　水生昆虫は渓流魚の絶好の餌。多くの毛鉤がカゲロウをモデルにしている。季節ごとの水生昆虫の生態を知ると釣りはもっと面白くなる。
G　水面に浮かせてヤマメを釣る毛鉤。CDCをカゲロウの羽に見立てている。釣り人からも毛鉤がどこにあるのかを知る目印になる。
H　高原町の渓流で釣ったヤマメ。この美しい魚体に会いたくて、毛鉤のテストだと言いながら釣りのシーズン中は川へ通いつめる。

I　耕耘機で耕した後、クワで畝を立てていく。まっすぐ畝を立てたつもりが、振り返るとジグザグになっていることはしょっちゅう。野菜を育てるのも大変な苦労の積み重ねと知った。

J　育苗トレーに撒いたハクサイの本葉が生え始めた。畑に直接蒔いて間引くよりも、苗を育てて植えた方が作業が楽。

K　分蜂時期のミツバチだけを誘引する不思議なラン、キンリョウヘン。花が咲くとどこからともなくミツバチが飛んでくる。時には花全体がミツバチで覆われることもある。

L　開花したキンリョウヘンを巣箱近くに設置して、新しい営巣場所を探すハチを寄せる。巣箱が気に入らなければ、ハチはどこかへ行ってしまう。

山と河が僕の仕事場 ②

みんなを笑顔にする仕事

牧 浩之　Hiroyuki Maki

山と河が僕の仕事場 ②
みんなを笑顔にする仕事

はじめに

　本書は、『山と河が僕の仕事場　頼りない職業猟師＋西洋毛鉤釣り職人ができるまでとこれから』の続篇です。

　前作では、神奈川県から宮崎県へのIターン移住をきっかけに、大きく変化していった自分の生活を、ありのままに書きました。自己紹介を兼ねて、今に至るまでの経緯をあらためて説明します。

　僕が生まれ育ったのは、神奈川県の川崎市です。自宅は川崎駅から徒歩5分の繁華街にありました。

　唯一の身近な自然は、自宅から自転車で15分ほどの多摩川でした。お世辞にもきれいとはいえない川でしたが、フナやハゼ、ザリガニなどが採れる、僕にとってはかけがえのない遊び場でした。

　幼い頃から週末はたいてい、祖父や父と釣りや登山、虫捕りなどへ出かけていました。

　社会人になって行動範囲が広がると、片道数時間をかけて山梨や長野、福島などへ遠出して、渓流釣りを楽しみました。

　川沿いで暮らしている人々を見て、いつでも釣りができる生活をとても羨ましく思いました。

　大学卒業後は、フライフィッシングに使う毛鉤（フライ）を自分で製作して販売する、専業のフライタイヤーになりました。仕事に追われる日々の中で、田舎暮らしへの憧れは強まっていきました。

　宮崎県への移住のきっかけとなったのは、結婚の挨拶をしに妻（当時は彼女）の実家のある高原町（たかはるちょう）へお邪魔した時でした。

　周囲を山に囲まれた高原町には、広々とした田んぼと畑を縫うように、いくつもの川が流れていました。

　妻の従兄弟の友人の髙津君に、宮崎の釣り場を案内してもらいました。海、川、湖、

どこも素晴らしく、僕は一目惚れしました。
　それは僕が子どもの頃から夢に描いていた自然環境でした。
「ここに住んだらいつでも釣りに行ける。」
　この機会を逃せば、きっと田舎暮らしは実現しない。そう思った僕は、せっかく東京に出て働いていた妻を必死に説得して、結婚とほぼ同時に高原町へIターン移住したのです。

　高原町での暮らしは、思った以上に楽しいものでした。自宅から車で5分ほどの川で毎朝ニジマスやヤマメを釣り歩き、午後から仕事するという生活スタイル。
　巻いた毛鉤の出来映えをすぐに釣り場で試せる環境は、フライタイヤーにとって理想的でした。
　僕の生活が大きく変化したのは、高原町産のキュウシュウシカの毛との出会いです。

　シカの毛は毛鉤の素材として市販されていますが、全てが海外からの輸入物です。
　近くの湖で釣りをしていた時に、たまたま落ちていた地元のキュウシュウシカの毛を拾った僕は、驚きました。
　今まで知っていたシカの毛よりも、キュウシュウシカの毛は細くてしなやかで、毛鉤に使ったら最高だったのです。
「このシカの毛をもっとたくさん欲しい。」
　そうして知り合ったのが、妻のお母さんの知り合いである猟師の大形さんでした。
　大形さんの獲物の解体を手伝うようになり、やがて狩猟に誘われました。
「獲ることから始めれば、職人として作品に物語が生まれて面白いと思うよ。」
　大形さんの言葉に心動かされ、僕は狩猟免許を取ることを決めました。都会育ちの僕にとって、今まで狩猟なんておとぎ話の世界だったのに。

残念ながら、大形さんと狩猟に出ることはかないませんでした。僕が狩猟免許に合格してまもなく、大形さんは病で空へと旅立たれました。

　僕は今、地元の山と河でシカやイノシシをわな猟で狙い、大形さんの形見の猟銃を担いで、カモやキジを撃つ生活を送っています。
　獲物の肉は、ありがたく我が家の食卓でいただきます。ご近所やお世話になっている方にふるまうこともしょっちゅうです。
　獲物の毛と羽は、自分で試行錯誤して確立した方法でなめしたり、仮剥製に仕上げ、毛鉤の素材として販売します。
　狩猟で普通は捨ててしまう獲物の毛と羽が、僕にとっては大切な収入源です。
　釣りが好きでIターン移住したら、いつのまにか釣りと狩りが職業になっていました。

　高原町の有害鳥獣対策班に入ってからは通常の猟期に加え、禁猟期も鳥獣対策で山に入ります。ほぼ一年じゅう山を駆け回っています。
　ニュースなどで見知っていた野生鳥獣による農林作物への被害は、実際に現場で接してみると、想像以上にひどいものでした。
　猟師としての自分の技術を、困っている地元の農林畜産家の方のために役立てたい。そんな思いが強くなり、地域の方と情報交換しながら、協力して被害対策に取り組んでいます。

　自宅の菜園で、自家消費用の野菜を育てるのも僕の役目です。農家の方にコツを教わり、毎月何かしらの野菜を収穫できています。それも無農薬。とても贅沢なことです。

山と河が僕の仕事場 ②
みんなを笑顔にする仕事
はじめに

獲物の肉や育てた野菜を、お世話になっている方に差し上げると、僕が作っていない野菜や、牛肉、卵といった食材を逆にもらうこともよくあります。

　物々交換ではないですが、気持ちのやりとりがそこにはあります。

　僕はIターン移住者ですが、少し特殊なケースだと思います。移住して生活が180度変化しました。田舎暮らしはスローペースだとよく言われますが、一日が24時間では足りないほど、忙しい毎日です。

　高原町では家族、地域の人々、山と河、自然、すべてが自分と繋がっています。その繋がりからいただく恵みで僕と家族の生活が成り立っています。

　釣りと狩りを通じて次から次へと広がっていく繋がりが、僕の最大の財産です。

　川崎では隣に誰が住んでいるのかすらも知らない生活でした。人と人の間で生きていくから人間であるわけで、都会では忘れていた多くのことを、高原町の人々の温もりが思い出させてくれます。

　前作を書いて以降も、泣いたり笑ったり、本当に様々な刺激的なことがありました。移住当初と比べると、自分の目に見えている景色も、考え方も、暮らしに向き合う姿勢も、明らかに変わっています。

　これからも変わり続けるんだと思うと、ワクワクが止まりません。

　　　　　　　　　　　　牧　浩之

| グラビア | 山と河と畑が僕の仕事場　　*001* |

はじめに　　*006*

第1章｜**毛鉤釣り職人は楽しい！**（フライフィッシング）　　*014*
　春が来た　*016*
　カモの羽根を使った毛鉤製作の一例　*023*
　COLUMN 01　フライフィッシングを仕事にする　*024*
　高原ニジマス（たかはる）　*028*

第2章｜**4年目の猟期**　　*036*
　COLUMN 02　職業猟師の猟法について（獣を獲る）　*038*
　狙って獲りたい　*040*
　奇跡のイノシシ　*048*
　COLUMN 03　食文化の違いにびっくり　*057*

第3章｜**家族の肖像**　　*058*
　筏の上で（いかだ）　*060*
　畑に立つ　*068*
　COLUMN 04　職業猟師の猟法について（鳥を獲る）　*073*
　会えてよかった　*074*
　COLUMN 05　嫁さんの好きなもの　*080*

グラビア　畑とキノコとミツバチと　*081*

山と河が僕の仕事場 ②
みんなを笑顔にする仕事

目次

第4章	**今度は畑を始める**	*088*
	庭を引き継ぐ　*090*	
	失敗、また失敗　*104*	
	COLUMN 06　カモ猟は職業猟師の屋台骨　*108*	

第5章	**新しい猟師のかたち**	*110*
	不猟に苦しむ　*112*	
	COLUMN 07　猟具とメンテナンス　*122*	
	有害鳥獣捕獲班に入る　*124*	
	COLUMN 08　職業猟師の猟法について（網で獲る）　*132*	

グラビア	田舎暮らしはいそがしい！　*133*
	COLUMN 09　簡単＆おいしい猟師料理を教えます　*141*

第6章	**みんなを笑顔にする仕事**	*142*
	釣りのおじさん　*144*	
	COLUMN 10　猟期中の一日はこんな感じ　*149*	
	自分が誰かの役に立つ　*150*	
	先輩猟師の技に学ぶ　*156*	
	鬼嫁と呼ばれて　*161*	
	狩りの引き出し　*166*	
	イノシシ２頭獲り　*174*	

第7章	**自然の声を聞きながら**	*178*
	僕にしかできない仕事がある　*180*	

あとがき　*189*

朝霧に包まれる宮崎県高原町。天孫降臨伝説が語り継がれている。

第1章 | 毛鉤釣り職人は楽しい！

春が来た

第1章 ― 毛鉤釣り職人は楽しい！

渓流のヤマメ釣りが解禁になった3月1日。僕は猟場に仕掛けている罠の見回りを終えると、自宅に戻り、猟銃を釣り竿に持ち替えて、今度は川へ出かけた。

今年の解禁日に選んだのは、隣町を流れる山岳渓流だ。また渓流通いの日々が始まった。

特別な日

川幅は狭いが、春先は木々の葉がまだ茂っておらず釣りやすい。段差が多く落ち込みが豊富で、ヤマメの着き場が多い絶好の釣り場だ。

この川では釣り人を見かけることがほとんどない。ヤマメが素直なところが魅力的だ。せっかくの釣り初めだから、ストレスなく楽しみたかった。

毎年ヤマメの解禁日には気持ちが弾む。そして今年は、いつもとは違った特別の楽しみがある。

昨冬から念願だった鳥の銃猟ができるようになった。短い猟期中、僕は必死になってカモを追いかけ、銃で撃ち、仮剥製を作り、毛鉤に使える羽を選別した。

そして今日、自分で捕獲したカモの羽を使って巻いた毛鉤が、いよいよ出番を迎える。

「さぁ、自分で獲ったカモの羽の釣れ具合は、どんなものかな。」

少し肌寒いけれど、河原には草木が青々と芽吹き始めている。釣りの準備をしながら川を見下ろせば、ヤマメが水面に浮かぶ虫をゆっくりと捕食していた。

「幸先いいぞ。」

うっすらと曇った天気は、水生昆虫が羽化しやすい。釣り人の姿も見当たらない。絶好のフライフィッシング日和だ。

川へ降りると、僕は一瞬、ムッとした。川の対岸の笹薮の中から、コジュケイが大きな鳴き声をあげていたのだ。

チョットコイ！チョットコイ！

コジュケイも、素晴らしいフライマテリアル（毛鉤の材料）になる。猟期中、さんざん追いかけたけれど、仕留められなかった。鳥が禁猟になった今になって姿を現すとは、いい度胸だ。

川原にはあたり一面、イノシシの足跡が見られた。それも新しい。間違いなく昨晩についたものだ。

「あの獣道に罠をかけたら、すぐに獲れそうだなぁ。」

周囲に漂う濃密な鳥と獣の気配が気になる。でも隣町のこの川へ罠を掛けても毎日の見回りができない。

そう自分に言い聞かせて罠はあきらめ、ヤマメ釣りに集中しようと思った。

この羽いいぞ！

川には、エルモンヒラタカゲロウ、ナミヒラタカゲロウ、数は少ないがオオクママダラカゲロウといった春に羽化する種類のカゲロウたちが、盛んに飛び交っている。

僕はフライボックスからカゲロウと同じサイズの毛鉤を選んで釣り糸に結び、心を落ち着けてキャスティング（フライを投げる動作）を始めた。時間がゆっくり流れていく感じがたまらない。

流れの筋に沿って、カモの羽で巻いた毛鉤が自然に流れていった。水面上にフワリと浮いたカモの羽がよく見える。

そのカモの毛鉤に、水面を割って何かが飛びついた。手首を返して素早く竿をあおると、ググンと気持ちの良い、なつかしい感触が手元に伝わる。

魚の走りをいなしながら、少しずつ糸を手繰り寄せ、ランディングネット（魚をすくう網）に魚をおさめた。

ネットの中に横たわったのは、たらふく虫を食べて、お腹がパンパンに膨れ

あがったヤマメだ。
「カモの羽、めちゃくちゃいいぞ。見やすいし浮力もある。完璧だ！」
　今季初めてのヤマメはもちろん嬉しかったが、なによりも自分で獲ったカモの羽の毛鉤でヤマメが釣れたことに、心から感動した。満足感でいっぱいだ。
　自分で獲ったカモの羽で巻いた毛鉤を使ってヤマメを釣る日が、僕の人生に来るとは思わなかった。

カモはお宝
　使った羽は、マガモの尻部に生えている特別の羽だ。フライフィッシングでは、CDC（Cue de Canard＝カモのお尻の羽）と呼ばれている。
　水鳥類は、体が濡れないように撥水効果のある脂を羽に塗る。脂は総排出腔の反対側にある尾脂腺と呼ばれる器官から分泌される。ここを自分で刺激して脂を出し、上手にクチバシで全身の羽に塗る。
　CDCは尾脂腺を覆うように生えていて、常にカモの脂でベトベトしている。水面に浮かせたい毛鉤の素材として非常に優れており、使い勝手もよく人気が高い。

　西洋からの輸入文化であるフライフィッシングの毛鉤に使う鳥や獣の天然素材は、ほとんどが海外からの輸入物だ。なかでもCDCは数が少なく貴重で、とても高価だ。
　CDCは色々なメーカーが輸入しているが、正直言って自分が納得できる質のものがなかった。銃猟を始めたのも、もともとはカモ類のCDCが欲しいからだった。
　狩りの獲物を毛鉤用の素材に加工し、販売して生計を立てている僕は、CDCを始めとした多くの羽を採れるカモが、優秀な稼ぎ頭になるはずだと考えていた。自分で獲ればおいしいカモ肉もついてくる。僕にとって川でくつろぐカモたちはお宝だ。
　僕はCDCの毛鉤を結んだまま、川を上流へ釣りのぼって行った。解禁直後でスレていないとはいえ、教科書通りの場所から次々と、僕の毛鉤にヤマメが飛びついてくる。地元産のCDCの品質は予想以上だ。
　200mほど釣り上がったところで、僕は川から上がった。時間にして2時間ほどだったが、20尾近いヤマメに遊んでもらった。

さらに釣り上ればもっと楽しめるはずだが、後の楽しみもとっておかなければ。それに仕事も山積みで遊んでばかりいられない。後ろ髪を引かれつつ、僕は自宅へ戻った。

また明日の朝、釣りに来ればいいのだ。

猟期はたったの3ヶ月

罠猟ではシカとイノシシが主な狩猟対象だ。猟銃を所持してからは、カラスやキジ、カモ類など、毛鉤の素材にもってこいの鳥類を捕獲できるようになった。おかげで職業猟師＋毛鉤釣り職人としての受け幅はグンと広がった。

シカとイノシシ以外の猟期は11月15日から翌年2月15日までと、たったの3ヶ月しかない。この短い猟期中にできるだけ捕獲数を稼いでおかなければ、次の猟期までの9ヶ月間、鳥類の補充ができない。

だから猟期中はよほどの悪天候でない限り、僕はあちこちの猟場を一日中走り回る。メインは川沿いだ。人気のあるカモ類を銃で狙い撃つ。

もちろん山の中での罠猟も並行して行なう。狙いはキュウシュウシカと小動物だ。イノシシのお肉は魅力だが、毛皮は毛鉤の素材にはほとんど使えない。

10数個の罠は車で周るほどの広範囲に設置してある。毎朝の見回りは欠かせない。獲物が掛かっていればすぐに仕留めて処理をする。

猟期中は本当に休むひまがない。

シカの毛は冷凍保存すると痛むので、捕獲後にすぐになめし加工する。タヌキ、アナグマ、ノウサギなどは冷凍しても問題ないので、加工の時間がなければ毛皮だけ剥いで冷凍保存する。

カラス、カモ、キジなどの鳥類は、仮剥製（フライフィッシングの用語でコンプリートという）を作るなら、捕獲した当日に作業する。ほとんどの場合は羽をていねいに抜いて、特徴のある部位ごとに保管する。

なめした毛皮と羽の選別、小分けしてパッケージする作業には、相当の注意力が必要だ。だからできれば猟期が終わってからまとめて作業を行い、短い猟期の貴重な時間を少しでも有効に使いたい。

しかしなかなか思うようにはいかない。

平野さんからの電話

その日も、釣りを終えて自宅に戻り、

ひと息入れて作業を始めようとしたら、携帯電話が鳴った。
「牧さん、シカの毛ってどうなってます？　お客さんが困ってるみたいで…。」
　東京都北区にあるフライフィッシング専門の釣具店、HIRANOTSURIGUのオーナー、平野さんからの電話だった。
　猟期前にキュウシュウシカの毛皮のリクエストをいただいていたのだが、小分けとパッケージまで手が回らず、長いこと待たせていた。
　水面に浮くドライフライの材料にシカの毛はよく使われるが、ヘラジカ、アメリカアカシカなど輸入品がほとんどだ。
　僕の獲るキュウシュウシカの毛は、市販のシカとは毛の細さ、しなやかさ、色具合が明らかに異なり、独特の雰囲気を持っている。
　さらに毛の品質を落とさない独自のなめし加工を施しているので、毛の中心部の髄質が損なわれない。水面での浮力が段違いにいいのだ。
　僕が狩猟を始めてシカの毛を販売し始めたとき、真っ先に興味を持ってくれたのが平野さんだった。同年代でお互いマニアックな釣り師という共通点で意気投合した。

　自分自身もフライフィッシャーとして豊富な経験のある平野さんの、商品に対する視線はきびしい。平野さんは僕が加工したシカの毛を自分で使い、品質を認めてくれた。シカの毛だけでなく、僕の作る他のフライマテリアルも店頭へ大量に常備して、お店に来るお客さんに薦めて広めてくれている。僕にとって釣具店の中で一番の取引先だ。
　僕はあわてて答えた。
「作業が遅れていて、本当にすみません。とてもいいメスジカの毛を確保してあります。手触りも色ツヤも良くて、見るだけでムラムラきますよ。」
　なめし加工を済ませたキュウシュウシカの毛皮は、10センチ四方ほどにカットしてパッケージするだけになっている。すぐに作業して、明日にでも発送しますと平野さんに約束した。

脂ベトベト、いいですね
　今季から銃猟ができると伝えてあったので、平野さんも僕が獲るカモの羽を楽しみに待ってくれていた。
　さっそく実際に釣りで使ったカモの羽の感想を伝えた。
「宮崎のカモは予想以上に羽質がいい

ですよ。極上品です。CDCなんか、もうフワフワの脂ベトベトって感じです。クイル（風切羽などの大型の羽根）も傷なしの絶品ですよ。」

つい先ほど僕が自分で川へ行って、その羽を使った毛鉤を使い、いい釣りをしてきたばかりだから、説得力は最高だ。平野さんもすぐ反応した。

「脂ベトベトいいですねぇ。そうしたら、カモの羽もひと通りお店に揃えてみます。シカと一緒に送ってください。他に面白いものありますか？」

職業猟師になって3シーズンを過ごし、狙える獲物が増えた。それにつれ、毛鉤釣り職人としての商品ラインナップも大きく広がっていた。

タヌキやアナグマの毛を、自分で細かく切ってよく混ぜた毛鉤のダビング材（毛糸のもと）は新メニューだ。銃猟ができるようになって、ゴイサギ、カラス、キジ、マガモ、カルガモ、ヒドリガモといった捕獲鳥類の種類が格段に増えた。

「アナグマとタヌキのダビング材は面白そうですね。カラスはどうです？ 使えそうですか？」

カラスを自分で撃って、毛鉤用の素材に加工しているのは、日本国内で僕だけだと思う。お店で扱う商品に独自性を出したい平野さんは、オリジナリティのある商品を常に求めている。前に話したカラスの羽のこともしっかり覚えていた。

「カラスはハシボソとハシブト、ミヤマガラスがあります。羽色がメタリックグリーンだったり、青紫に照ったり、種類によって全然違うのが面白いですよ。特にミヤマガラスは羽質がしなやかで、色ツヤが抜群にいいですね。」

「おぉ、カラスも種類で分類するんですか。いいですね。そうしたら、それぞれ1羽づつお願いしますよ。」

釣りがもっと楽しくなる

平野さんとフライマテリアルの話をすると、ついつい長電話になってしまう。

平野さんはそれぞれの素材の特徴を把握して、お客さんにていねいに説明してくれる。僕も平野さんには羽や毛のことだけではなく、獲り方や加工法、使い方などをくわしく話す。それをまた平野さんがお客さんに話す。

フライマテリアルに物語性がでれば、毛鉤を巻く際のお客さんのイメージがふくらんで、フライフィッシングがもっと面白くなるはずだ。

平野さんから、僕の作ったマテリアルを釣りに使ったお客さんの感想を教えてもらうこともある。どんな声でもとてもありがたいし、勉強になる。もっとがんばって獲ろうという気持ちになる。
　こうやって商品の多くは、最初に平野さんのお店に旅立っていく。売るというだけじゃなくて、獲り手で加工者である僕の思いや考えをくみ取った上で注文をくれる。平野さんのお店には絶対の信頼をおいている。

数は少なくても納得できるものを
　鳥の羽や獣の毛は天然素材だから、同じ種類でも個体によって色や形が微妙に異なる。工業製品のように常に均一な品物を、とはいかない。
　僕は宮崎へ移住する前の10数年、毛鉤の製作を専門の仕事にしていた。毛鉤用の材料はほとんどが輸入品で、国内外の業者さんから買うしかなかった。ところが納品された商品の封を開いて、あ然となることが度々あった。
　使える部分がほとんどないほどに質が悪く、お店にクレームを出したことは一度や二度じゃない。するとたいていこんな風に言われた。

「自然のものですからねぇ、こればっかりはどうしようもありません。」
　僕は、自然という言葉を言い訳にするのはごめんだ。僕が加工したマテリアルを買ってくれたお客さんが、封を開けてガッカリする姿には耐えられない。
　自分が猟師としてフライマテリアルを獲るなら、僕自身が納得できる品質のものだけを提供したい。だから手当たり次第に獲物は捕獲しないと最初に決めた。
　獲物を選べば、捕獲数は限られ、商品の供給量も少なくなる。収入も減る。自分にとってはハイリスクだ。
　けれど、「天然物だから質が悪いものを売っても仕方ない。」ではなく、「天然物だから質の高いものを十分に確保できず在庫が少ない。」の方が誠実だと思う。僕が職業猟師の毛鉤釣り職人として生きていくためには、そこが譲れない一線だと考えた。
　僕は自分が納得できることだけをやりたい。そして誰もやっていないことをやりたい。やりたいことはいくらでもある。

カモの羽根を使ったフライタイイング（毛鉤製作）の一例

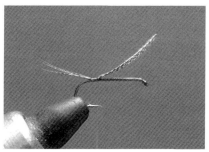

① フライタイイング用の糸で下巻きをした後、マガモの肩に生えている羽を数本切りとって固定し、虫の尾を表現する

② CDCの周りに生えているダウン（脂を多く含んでいるためよく浮く）を糸に撚りつけ、ハリの軸へ巻きながらカゲロウの体のような形に作っていく

③ CDCの先端を2枚合わせて取り付け、カゲロウの羽を表現する。釣っているうちに外れたり、ズレてしまわぬようにしっかり固定する

④ ウィングの余りのCDCをむしって糸に撚り、ウィングの前方へ巻いて頭部を表現する。軸先のアイ（穴になっている）の後ろで糸を結んで完成

CDCダン

Hook： TMC100ほか 写真は#12（全長約10mm）
Thread： 灰、茶、黒など
Tail： マガモの肩の羽
Body： カモ類のダウン（CDCの周辺に生えているもの）
Hackle： CDC（カモのお尻の羽）
Wing： CDC（カモのお尻の羽）

撥水効果のある脂を分泌するカモの尾脂腺の周辺に生えている羽（CDC）をメインに使った毛鉤。羽の含脂率が高く、構造上浮力剤が行き渡りやすく、全体が軽く仕上がるので毛鉤を浮かせやすい。カゲロウ類が羽化している時に魚たちは抜群の反応を示す

COLUMN 01

フライフィッシングを仕事にする

　毛鉤製作（フライタイイング）用の素材（フライマテリアル）は、人工素材と自然素材に分けられる。
　僕の工房では自然素材の中で、狩猟の獲物を加工したマテリアルを「ワイルド・マテリアル」と呼んでいる。養殖ものの獣毛は「ファーミング・マテリアル」だ。
　10代前半でフライタイイングを始めて、フライマテリアルへの情熱と好奇心は強まる一方だ。かねてより疑問を抱いていたマテリアルの透明性＝コンプライアンスについても関心が高まっている。細かい法律をすみずみまで調べ、違反のないように取り組んできた。

狩猟にまつわる法制
　狩猟を行うには狩猟免許を取得し、狩猟者登録を毎年行う。県をまたがって狩猟するなら都道府県ごとに複数の登録を行う。狩猟免許の種類ごとに登録が必要だ。どこでも狩猟できる訳ではない。国有林に入る場合は管理所に入林届けを提出しなければならず、私有地では必ず所有者の了承を得なければならない。
　禁猟区や公共施設、公道、民家密集地など、狩猟禁止の場所も多い。しかしながら、猟場の近くの住民の方と顔なじみになって仲良くなれば、猟場に困ることはないだろう。

　猟法と猟具は法律で定められているため、知識がない人は絶対に鳥獣を捕まえようとしてはならない。過去の事例では、自動車でわざとカモをひき殺した男性が検挙されている。
　狩猟鳥獣と捕獲期間は法律で決まっている。カラス、イノシシ、ニホンシカは狩猟鳥獣だ。農作物への被害が著しい場合は禁猟期でも捕獲許可が下りる。ニホンザルやアオサギは許可がなければ一切捕獲できない。オスキジは狩猟対象だが、メスキジは非狩猟鳥獣という場合もある。毛鉤にメスキジを使いたいので許可してくださいという要望は通らない。
　鳥獣被害対策で捕獲した鳥獣の扱いは、これまでは殺処分した後に埋設すると定める自治体が多かった。ところが近年は有効利用しようということで、駆除で捕獲した獣からも、肉や毛皮を得るという流れが強まった。
　僕は鳥獣被害で困っている農家や関係方面からしばしば対策の相談を受ける。駆除で捕獲された鳥獣に関しても、有効利用模索品として毛鉤用に加工・販売する許可をいただくことがある。
　合法的に狩猟された鳥獣でも販売が規制されているものもある。ヒグマやツキノワグマは国や都道府県の許可が必要で、タグまたは許可書の添付が義務づけられて

いる。許可書がないヒグマ、ツキノワグマの加工品は違法である可能性が高い。

　山あいの道を車で走っていると、タヌキやノウサギ、カラスなどの轢死体を見る。これを持ち帰るのは違法行為だ。鳥獣の死体を拾得し所有するには、「野生鳥獣へい死体所持確認（証明）書」を取得しなければならない。フライマテリアルの業者さんが「拾ったカラスを持ち込んでくれたら買い取ります！」と呼びかけるなんて、言語道断である。

　フライマテリアルをつくるのに、こんなに細かい決まりごとがあるのかと思うかもしれないが、ほとんどが野生の鳥獣に関してだ。たとえばメスキジでも養殖ものの加工販売は問題ない。

衛生管理
　皮なめしや仮剥製の製造、染色作業を行う場合は、衛生面を考慮して廃棄物を管理する。住宅密集地では原則として禁止されている。皮なめしでは肉片や脂肪などの残滓が生じ、カビや虫の発生、悪臭を発生させる可能性もある。

　事前に保健所に相談し、排水設備を整えた場所での作業が望ましい。とくに業務として行う場合は、染色した後の廃液、残滓などは少量であろうと立派な産業廃棄物にあたる。

細かいこと、ばれやしないって。そう思う人も多いと思う。だが違法行為によって困るのは自分自身だけではない。商品を購入したお客さんにも迷惑がかかる。

　ただでさえ動物愛護の風潮が強まっているご時世、見る人によってはフライタイイングの世界は、非常におぞましく思えるかもしれない。しかもマテリアルが違法品なら、フライフィッシングへのイメージはどうなるだろう。法律を知りませんでしたでは済まされない。しかし残念ながら市場を眺めると首を傾げることは多い。

　明るく楽しいフライフィッシングを楽しみ続けるためにも、僕は胸を張って言う。
「ウチの工房で作ってるマテリアルは、法律の細かい決まりごとを厳守した、真っ白なものだけですよ。」

　自然相手の商売だから、自分の力だけではどうしようもないこともある。狩りの収入だけで生活するなら、獲物がなければ当然収入はゼロだ。正直背筋がぞっとする。

　僕は将来的には、現在は輸入に頼っている鳥獣や、非狩猟対象の鳥獣も、自家繁殖させながら養殖できないかと模索している。

　ニワトリ、七面鳥、キジ、ホロホロ鳥など、食用にも毛鉤用にも需要の高い鳥は多い。肉も羽も無駄なく使えたらどんなにすばらしいだろう。そんな夢を描いている。

CDC（カモのお尻の羽）の拡大顕微鏡写真。無数の細かい繊毛が生えている。ここに浮力剤がからんで毛鉤の浮力を維持する。ほどよい脂を含み、繊毛が密集している CDC が最良。狙って撃ったとしても、納得できる CDC を得られるカモは 10 羽に 1 羽程度

高原(たかはる)ニジマス

第1章　毛鉤釣り職人は楽しい！

　高原町を流れる高崎川と、その支流の湯之元川は、僕のもっとも身近な遊び場で、仕事場だ。数は多くないがニジマスもヤマメも釣れる。寒さが強まる12月中頃にはマガモやカルガモが飛来する猟場になる。

　移住した当初、川の中央に大きな魚の死骸を見つけた。コイだと思ったがやけにスリムだったので、気になって近くまで行ってみた。それはなんと巨大なニジマスだった。網ですくって岸に横たえ、メジャーで計測すると68cmもあった。

「こんな大きなニジマスがいるとは。なんなんだ高原の川は。まるで北海道、いやニュージーランドじゃないか！」

　自宅から車で5分も走れば、そこは夢の詰まった釣り場だ。僕はニジマスが解禁になる4月に入ると、ヤマメ釣りの頻度を減らして、大型のニジマスを追いかけた。

　高原町内を流れる高崎川は、水量と渓相がめまぐるしく変化する。上流部は岩がゴツゴツとした山岳渓流だし、中流域では川幅が広がり、ゆったりと流れる里川となる。

　下流域ではいくつもの湧水と合流して水量が増え、本流の荒々しい釣りもできる。

短かい区間で色々なスタイルのフライフィッシングを楽しめる川はなかなかない。魅力的な釣り場だ。

　上流部の滝つぼには、さらに上流にある釣り堀から逃げてきたニジマスが溜まる。時々、妻の弘子を連れてこの滝つぼへニジマスを釣りに行く。

　弘子は手軽にできるエサ釣りがお気に入りだ。ただ仕掛けを作るのは僕。生きエサに触れない弘子の代わりに、ハリへエサをつけてあげるのも僕。魚に取られてエサがなくなると、弘子は無言でグイと僕の前に竿を突き出してくる。

　大名である。

晩のおかずにニジマス釣り

　ある日、弘子から釣りに誘われた。
「今日の晩御飯は実家でニジマスの塩焼きを食べようよ。」

　これから釣りに連れて行け、という意味である。いくら魚影が濃いといっても、家族の人数分の5匹をキッチリ揃えるのは簡単ではない。もちろん釣りをするのは弘子で、僕はお手伝いだ。

　軽トラックで川へやって来た。さっそく竿を出すが、弘子にはアワセのタイミングがよく分からない。勢いよくウキが引き込まれても、魚にエサだけ取られることが続いた。弘子がだんだんイライラしてきているのが分かる。まずい。
「ウキを外すから、手元にググッときたら竿を立ててあわせてみて。」

　魚の反応を直接感じられるミャク釣りにした。弘子が不慣れな手つきで竿を振り回すと、運よく滝つぼに仕掛けが入った。釣り糸がたるみ過ぎないように竿をかまえさせる。
「あ、きてる！ 食ってる！」

　焦って一気に魚を引っこ抜こうとして、慌てる弘子を落ち着かせ、竿に僕の手をかけてゆっくりと誘導した。無事にネットの中にニジマスが入った。25cm級の、塩焼きにちょうどいいサイズだ。
「私センスあるよね、5匹なんてすぐすぐ。」

　センスがあるかどうかは別として、こういう状況で、常にあっさりと目標を達成するのが弘子である。1匹釣ったら交代しようという最初の約束は無視して竿を離さず、3匹も釣ってしまった。

　やっと僕の番になり、弘子が投げられない遠くのいいポイントに仕掛けを投げると、脇から竿を取り上げられた。そしてまたニジマスを釣られた。

結局僕はこの日、エサ付けと仕掛けの投げ役をさせられただけだった。
　僕らはそのまま、僕らの借家からほど近い場所にある弘子の実家へ向かった。ちょうど弘子のお父さんが庭の作業場にでていた。
「ほらお父さん、このニジマス全部私が釣ったんだよ。炭おこして焼こう。」
　お父さんは喜んで炭火をおこし始めた。その間に僕はニジマスのハラワタを抜いて塩焼きの下準備をした。
　弘子はというと、お父さんの冷蔵庫から勝手に缶ビールを持ち出して一人で酒盛りを始めた。
「お前は自分の分だけ持ってきて。俺の分も持ってこんかい。」
　お父さんが言うと、弘子はポケットからビールをもう一缶出したが、絶対に一人で2本飲むつもりだったろうと、僕とお父さんで突っ込んだ。
　炭火を囲んでニジマスを焼きながら、弘子が今日の釣りをお父さんに話した。
　弘子のお父さんも釣りが好きだ。よくコイ釣りに出かけているが、地元の川でニジマスがそんなに釣れるとは、今まで知らなかったという。
　そこで明日はお父さんと弘子と3人でニジマスを釣りに行くことになった。
　こんな機会はあまりないから、お父さんには必ず釣ってもらいたいと思った。フライフィッシングは慣れるまではキャスティングが難しい。この際、僕が毛鉤釣り職人であることには目をつぶってもらって、お父さんにはエサ釣りをしてもらおう。
　実家の庭先に生えている木の根元に積もった落ち葉をどけると、立派なミミズがわんさかと出てくる。釣具店で売っている釣りエサ用のミミズなど、比べ物にならないほど太くて大きい。ちょっと掘っただけで十分な量のミミズが獲れた。

父と娘と

　翌朝、僕らは湯之元川へ出かけた。
「あそこの深みがあやしいな。どれ、先に釣っちゃうよ。」
　渓流のエサ釣り竿にニジマス仕掛けを結んで手渡すと、お父さんは慣れた手つきで、ハリ先にミミズを丸々1匹つけた。お父さんと弘子は先に川原へ降りて、さっさと釣りはじめた。二人とも思った以上に気合十分だ。
　僕の予定では二人の目の前で見事なニジマスを釣り上げ、釣りのプロらしい

一面をアピールするはずだった。このままでは先に釣られてしまう。

あわてて自分のフライフィッシングの道具を準備した。自信の毛鉤を結んで川に下りようとしたら、弘子が大きな声で叫んだ。

「食ったよ！　かかった！」

見るとお父さんが持っている釣り竿が大きくしなっている。あっけなく釣られてしまった。

お父さんが魚を慎重に寄せて川べりに引きずりあげると、銀色の魚体が砂利の上で跳ねた。釣れたのはニジマスではなく、30cm近くある大きなイダ（ウグイ）だった。

「イダだったか。それにしてもこんなに大きいのがこの川にいるなんてねぇ。これは面白い。」

「ちょっとお父さん、私にもやらせてよ！　1匹釣ったんだから交代でしょう。」

騒ぐ弘子を無視して、お父さんはニヤニヤしながら釣り続けた。なんだかほほえましい光景だ。この時間をじゃますのはもったいないと思い、僕はしばらく釣りをしないで土手に座り、二人のやりとりを眺めていた。

大人になってからの娘と、こうやって釣りに行くこともあまりないだろう。お父さん自身が弘子との釣りを楽しんでいるようだった。

「へたくそだなぁ。ほれ、貸してみろ。」

うまく仕掛けを投げられない弘子から釣り竿をもらうと、お父さんはいかにもニジマスがいそうな流れに仕掛けを入れた。

「こうやって投げたら、あとは自然にエサが流れているように竿を流れに沿って動かすんだよ。…ほらな。」

また釣った。上機嫌なお父さんから、ずるいと弘子が釣り竿を奪った。でもミミズを触れない弘子に、お父さんがエサをつけかえてあげていた。お父さんの中で娘との時間が何年も昔に戻っているんだろう。

ありがとう

ニジマスの反応はないが、イダやアブラメ（アブラハヤ）、カワムツといった小魚が釣れ続けた。二人であいかわらず釣り竿を奪い合っている。

「ここだけやらせてくれ。あと1投したら交代してやるから。」

仕方ないなという表情を見せた弘子の横で、お父さんが落ち込みに仕掛けを投げた。流れに糸がなじんだと同時に、

ウキが勢いよく水中に引き込まれた。
　明らかに今までの魚とは違う強さだ。
「でかいぞ！　弘子、網もってこい！」
　良型のニジマスがかかったのだなと確信した。急いで軽トラの荷台からタモ網を持って駆けつけると、もう水面に色あざやかなニジマスが浮かんでいた。
「私の魚を釣られた。」
　不満そうな弘子が文句を言った。
「へぇ、この川にこんなにきれいなニジマスがいたんだね。初めて釣ったよ。」
　お父さんは釣れたニジマスをしみじみと眺めていた。後に続けと弘子も必死に仕掛けを投げるが、釣れるのはカワムツばかりだった。
　この日も僕は最後まで自分の竿を握らなかったけれど、いつも以上に楽しい一日になった。
「そういえば来週は、三股町でヤマメの釣り大会なんでしょ？　浩くん、ヤマメ釣ってきてよ。」
　渓流が身近にある高原町でも釣り人が身近にいなければ、川魚の炭火焼はなかなかやらない。釣りを仕事にしている僕が家族に加わって、お父さんの楽しみが増えたと思うと、うれしくなった。
「お父さん、相当楽しんでたよ。あれは炭火焼もクセになったね。ありがとう。」
　お父さんを送って自宅に戻る途中、弘子に言われた。小さいけれど僕たちなりの親孝行ができているのかなと感じた。

あっという間に売れていく

　猟期の間を必死に駆け回っていたおかげで、初めてのカモ猟期にもかかわらず、50羽近くのカモを射獲できた。
　ところが猟期が終わり梅雨があける頃には、あれだけたくさんあった在庫がほぼなくなっていた。カラスなどカモ以外の鳥の在庫も残りわずかだ。
　僕は鳥の品質には絶対の自信がある。
　だからカモ以外の鳥は、一羽丸ごとの仮剥製（コンプリート）の状態で販売していた。コンプリートならお客さんが自分で好きな部位から羽を採れるし、より無駄がない。
　羽を部位ごとに小分けして販売したほうが利益はあるが、せっかく状態がいい鳥をわざわざバラすのはもったいない。カモも状態が良いものはコンプリートにしていたので、思った以上に販売数を確保できなかった。
　少しでも羽に欠損があればコンプリートにはできない。コンプリートは単価が

高いし、すぐは売れないだろう。品質に納得してくれたお客さんに買ってもらえれば本望だ。そんな考えはいい方向に裏切られた。

僕が銃で獲って加工する鳥類のフライマテリアルは、〈状態のいいものだけを獲る〉がコンセプトだ。その分、数は少ないし価格も高めになるが、ありがたいことにお客さんからは好評だった。

平野さんがお客さんの反応を電話で教えてくれた。

「『今までカモのコンプリートを買ったけど、どれもいまひとつだった。牧さんのは本当に大丈夫なのかい？』って心配しながら買ったお客さんがいらしたんです。その日のうちに電話がかかってきて、こんなに状態がいいコンプリートは初めてだ、って喜ばれていましたよ。もっと注文させてもらっていいですか。」

お店に並べると、あっという間に売れてしまうという。特にカモとカラスのコンプリートにはすぐに買い手がつき、シカの毛も以前買ってくれたお客さんのリピーターが多いそうだ。

ハンターズダビング

「ありがたいです。でもすいません。うちも思った以上に注文が来ちゃって。」

僕は自分が運営しているウェブサイトでも直接販売している。平野さんと電話しながら、小分け作業が終わっていないカモの羽を確認すると、平野さんの注文分で在庫がなくなりそうだった。シカやアナグマ、タヌキなどの獣毛製品はまだ少し余裕があるかもしれない。

「鳥はあるだけもらってもいいですか。予約ですぐになくなりそうなので。アナグマとタヌキのダビング材もお願いします。あの質感がたまらなくいいですね。」

地元の山で獲ったアナグマとタヌキの毛を細かく切ったダビング材は、僕が思いついて商品化したものだ。タヌキもアナグマも、毛鉤用の素材としては市販されていない。僕だけのオリジナル商品と言ってよかった。

一般に、獣毛を使った毛鉤用のダビング材には、ノウサギがよく使われている。タヌキの毛はノウサギよりも硬さがあるので、ダビング材として使うと、より硬質感のある毛鉤に仕上がる。

アナグマはさらに硬さがある。単体で使うより、ノウサギやタヌキの毛とブレンドすると面白い。

もちろん商品化する前には、ちゃんと

フライに巻いて、僕が地元の川で実際の釣りに試している。タヌキもアナグマも水なじみがよくて、沈めて使う毛鉤と相性がよかった。

猟師が獲って自分でも使っているダビング材なので「ハンターズ・ダビング」と、ちょっとかっこつけたネーミングにしたのも、ウケた理由かもしれない。

ワクワクがとまらない

獣の種類が変われば毛の性質も変わる。使う素材の選択肢が増えれば、毛鉤を巻く釣り人の楽しみも増える。

他の釣り人が使っていないマテリアルで作った毛鉤は、魚だって見たことがない。だからもっとよく釣れるかもしれないと期待するのが、僕を含めた釣り人の思考回路だ。なんとかの皮算用ともいう。

ノウサギの毛にはリクエストが多い。平野さんのお店でもお客さんからよく聞かれると言われた。でも僕はまだノウサギの獲り方を確立していない。小型の箱罠で試行錯誤している際中だった。

「ノウサギは、罠の掛け方がよく分からないんです。たまに山の中で遭遇した時に撃って獲るくらいで。」

「前に送ってもらった牧さんのノウサギは輸入品よりずっと良かったですよ。来年に期待していますよ。」

やはり僕が思っていたように、お客さんは質の良いフライマテリアルを求めていた。いや、僕が考えていた以上だった。

来年はもっとカモを獲ろう。猟場を増やそう。猟期中は毎日カモ猟でいいかもしれないぞ。

自信を持った僕は早くも半年後の猟期に向けて、地図とにらめっこを始めた。宮崎県の地図に載っている水色の部分を探し出し、インターネットで航空写真と照合する。野池や川など、カモがいそうな場所で狩猟ができる区域を探した。

「行動範囲を広げてもっと走り回ろう。」

残り少ないカモの羽を見ながら次の猟期のことを考えたら、ワクワクがとまらなくなった。

好きな釣りを思う存分楽しむために高原町に移住してきたら、いつのまにか職業猟師で毛鉤釣り職人になっていた。

僕の未来には可能性がある。

高原町の川で釣ったニジマス。40〜50cmクラスのニジマスが毛鉤で釣れる。
最高の遊び場が自宅から5分のところにある

第 2 章 | **4 年 目 の 猟 期**

COLUMN 02

職業猟師の猟法について（獣を獲る）

　法定猟具を使った狩猟は大まかに3種類に分類される。散弾銃や空気銃を使う銃猟、箱罠やくくり罠を仕掛けるわな猟、無双網や投げ網などを使う網猟だ。

　猟法ごとに異なる狩猟免許が必要で、狩猟登録の際には狩猟税や保険料なども各々支払う。全猟法で登録すると猟友会の会費も含め、高原町では5万円近い費用が毎年かかる。職業猟師としては猟果を伸ばすためと考え、高額な出費も必要経費と割りきるしかない。

　狩猟鳥獣は鳥類が28種、獣類が20種の合計48種類だ。猟法によっては狩猟鳥獣でも捕獲できない場合がある。わな猟では鳥類の捕獲が禁止されており、狙えるのは獣類だけだ。網猟ではノウサギ以外の獣類は捕獲できず、鳥類がメインになる。銃猟では全ての狩猟鳥獣が狙えるが、空気銃は罠に掛かった獣の止め撃ち以外の場合で、シカやイノシシなどの大型獣を射止めるのはほぼ無理だ。

　シカ、イノシシ、タヌキ、キツネ、アナグマなどの獣類は、捕獲罠が効率的だ。

　くくり罠には多くのバリエーションがある。ワイヤーで作った輪で、獲物の足や胴、首などをくくって捕獲する。ほとんどのくくり罠は、木の枝や細めの木や竹、バネの反動を利用し、獲物が仕掛けに触れると作動して輪が絞まる仕掛けだ。

　シカやイノシシには足くくり罠を使う。獣道に直径20cm、深さ5cmほどの穴を掘り、罠を仕掛ける。獲物が罠を踏んで本体が下がるとバネを固定していたストッパーが外れる。バネの力でワイヤーが跳ね上がりながら輪が絞まり、獲物の足首をくくる。（→ P.137）

　罠を仕掛けるには獲物の行動を読むことが重要。足跡の状態からいつ通ったのか、進行方向や使用頻度などを判断し、獲物が通る確率の高い場所を選ぶ。

　最初の一歩で確実に罠を踏ませるために、罠の手前に木の枝を置く。獣は枝や岩を避けて歩くので、枝をまたがせて確実に罠を踏ませる狙いだ。あまり太い木を置くとイノシシは木の下のミミズや昆虫を求めて鼻で動かしてしまい、罠を踏まない。

　タヌキやノウサギを獲るには通り道にワイヤーの輪をぶら下げておく。木の枝や丸節竹などに固定したワイヤーが獲物の身体に引っかかるとストッパーが外れ、元に戻ろうとする反発で輪がしまり、獲物の身体をくくって捕獲する。警戒心がほとんどない小〜中型の獣は、シンプルながらもこの跳ね上げ型のくくり罠が効果的だ。

　鳥獣被害対策では箱罠の出番も多い。餌でおびき寄せられた獣が檻の中に入り、トリガーに触れると扉が閉まって出られな

くなる。イノシシ用の箱罠は奥行きが2mほどで、奥に食わせ用の餌を置く。餌の手前に細いワイヤーが張ってあり、餌を漁っている時にワイヤーを引くとストッパーが外れ扉が閉まる。アナグマなどはトリガーの棒に餌をつける。箱に入った獲物が餌をくわえた瞬間に扉が閉まる。（→ P.136）

　イノシシの幼獣はすぐに箱の奥まで入るが、親は警戒心が強くなかなか入らない。辛抱強く親が奥まで入るまで餌を与え続け、奥に入るようになってからトリガーが作動するように仕込む。そうしないと幼獣だけ掛かって、親イノシシを獲り逃してしまう。アナグマやタヌキは仕掛けたその晩に掛かることがほとんどだ。

　気をつけなければならないのが、被害を受けている作物とは異なる餌を使うということ。餌付けすることで獣が罠の周囲に居着くので、確実に捕獲しないといけない。罠は被害農地から離れた侵入経路上に設置する。そうでないと獣を寄せるだけになってしまう。

　僕は獣類を狙うときはわな猟が主だが、状況に応じて銃猟も行う。銃猟にも様々な猟法がある。複数の狩猟者を山の各所に配置し、猟犬を放って獲物を追わせる巻き狩り。単独で獣の痕跡を探しながら獣道を進み、獲物に忍び寄って射獲する忍び猟。林道を車で走りながら獲物を探し、発見したら山に入って獲物を狙う流し猟などだ。

　宮崎県で狩猟が解禁になる11月上旬は、シカが発情期を迎えている。この時期のオスジカは複数のメスを引き連れてハーレムを形成する。ラッティングコールという独特の鳴き声でメスを呼び寄せるのだが、これを聞くと縄張り意識を持った他のオスが恋敵を排除しようと寄ってくる。この習性を利用してディアコールというシカ笛でシカの鳴き声を真似し、オスジカを引き寄せて狙う猟法がコール猟だ。（→ P.120）

　シカが通りそうな場所で身を隠し、シカ笛を吹いて待ち伏せる。僕の経験だと10分間隔で笛を吹くと、30分以内にはオスジカが姿を現す。オスジカがライバルに怖気づかないように、少し弱々しく笛を吹くのがコツだと思う。シカの姿が確認できたら、「ピィッ」というような音を吹いて挑発する。するとオスがさらに近づいてくるので、挑発音で誘導しつつ、射獲する。

　巻き狩りでは犬に追われて必死に逃げ回るので、全身に血液が回ってしまう。罠で捕獲すると逃げようと暴れまわり転倒して打ち身が生じる。くくった部位はうっ血して食用には向かない。

　コール猟では静かに近づいてきたシカを突然射獲する。すぐに放血して内臓を摘出するので、最上級のシカ肉を手にできる。

COLUMN

狙って獲りたい

第2章 ― 4年目の猟期

　狩猟免許を持って4年目の秋、僕は「鳥獣被害対策地域リーダー（森林）育成研修会」に参加した。

　地元の山林を狩りで歩いている時、スギやヒノキへのシカの被害で困っている林業家さんから相談されることがよくあった。植林地にも罠を掛けるので、勉強になるはずだ。狩猟解禁を控えて忙しい時期だったが、開催地が僕の猟場である御池周辺だった。

　地域リーダーは、鳥獣被害の出ているエリア内で防除や駆除などの対策プランを計画実行する役割をもつ。机上の計画案に対し、現場の判断を織り交ぜて実施策に取り組む重要な存在だ。

　知識と技術を身につければ、より効果的な捕獲につながる。研修は3日間にわたって開催された。座学の後にフィールドでの研修も行われた。

　僕が住む南宮崎では、それまで農作物への被害が大きな問題だと思っていたが、植林地はもちろん、自然の原生林までもがシカの食害に脅かされている現状を知った。

　太い幹をもった高齢の広葉樹が生えている森は、地表に落ち葉が広がっている。低木や雑草が生えていないので

歩きやすく、シカの通り道もくっきりと分かる。猟師にはとてもいい猟場だ。

だがこれは、シカの食害により変貌を遂げた森林の姿で、ほぼ末期状態なのだと講師に教えられた。低木や下草が茂って、歩くのも困難なのが森林の本来の姿だという。

なぜ駆除するのか

たしかに森を眺めると一定の高さまで緑がない。緑のない高さはシカの顔が届く高さと同じだ。シカに食い尽くされてしまったがゆえに、見通しの良い森になっている。この緑のないゾーンを「ディアライン」と呼び、シカの食害状況を判断する基準になっている。

本来は日当たりが悪い森が、シカの食害で日当たりがよくなると、もともと森に生えてこないはずの植物が増えてくる。

たとえばイネ科の植物は、シカに捕食されると種が小さいので原型のまま排出されやすく、フンに混じった種が次々と発芽する。シカが緑を食べつくした後は、シカが捕食しない針葉樹や、有毒成分を含む植物だけが残る。

増えすぎたシカの食害により、森林内における植物の多様性が失われているのだ。

地表を覆う植物が減少すると、二次被害が生じる。雨による土砂の流出だ。特に河川に面した斜面では、土砂の流出は海の環境まで変化させかねない重大な問題になっている。

斜面をシカが行き来すると、少しずつ表土が削られていく。多くのシカが頻繁に通れば、表土はより多く削られる。バランスを失った地表はシカの通り道を中心に崩れ、やがて土砂崩れを引き起こす。

川を挟む斜面は日当たりがいいため下草が豊富な場所も多く、シカの餌場になっている。シカに下草が食い尽くされれば、少量の雨でも土砂が流れ、渓流の環境を変えてしまう。

おおげさに聞こえるかもしれないが、土砂が流出して水生昆虫の生息状況が変化すれば、渓流魚が生活できない環境になる恐れも充分ある。土砂が堆積して砂利場が消滅すれば、渓流魚は産卵できない。

フライフィッシングを楽しむ釣り人にとっても、シカの食害は無関係とは言えないのだ。

シカの増加には、様々な原因が考えられる。天敵のオオカミの絶滅、狩猟者の減少による捕獲数の低下、農地とシカの生息圏の近接など、人によって意見は様々だ。かつて国がメスジカの捕獲を禁止していたのも要因のひとつと考えられている。

近年、シカやイノシシによる鳥獣被害に歯止めをかけようと、狩猟者を増やす試みが行われている。僕は同世代の狩猟仲間が増えるのは嬉しいが、行政が主体となって開催するイベントには違和感を覚える。

狩猟の魅力を伝え、狩猟者の数を増やそうというのがイベントの主なお題目だが、そこで紹介されるのはシカ猟とイノシシ猟ばかりだ。狩猟者ではなく、駆除者を増やしたいのではないだろうか。

狩猟と駆除は別物だ。

狩猟期間中、猟師は自分で狙う獲物を選択し、決められたルールの中で自由に狩猟を行う。しかし駆除活動は、どの場所でどれだけの頭数を捕獲してくださいという行政からの依頼に従う。

捕獲すれば鳥獣に応じて報奨金が出たり、活動費が日当として支払われることもある。自由な狩りとはいえない。

報奨金は税金から供出されている。大切な税金を使って少しでも農畜産家への鳥獣被害を防ごうという活動だ。そこを踏まえないと、遊びの延長の感覚で駆除活動に携わるものが出現しかねないと思う。

〝狩猟ブーム〟と僕の狩りは関係ない。

まさか…

いよいよ猟期がはじまった。

僕はまだ暗いうちに、猟場へ罠を掛けに出かけた。猟期は一日たりとも無駄にできない。シカは夜間に活発に活動する。11月1日午前0時の解禁に合わせて、できるだけ早く罠を設置すればいい時間帯を有効に使える。

今季のシカとイノシシの動向は、猟場周辺に住んでいる乙守(おともり)さんに伺っていた。乙守さんご自身は狩りはもう引退しているが、僕の狩猟の師匠である大形さんの、そのまた師匠の大師匠である。

「ウッジャウジャおるぞ〜。夕方になると、牛舎の裏道にシカが出てくるわ。車でそんとこ入っていいから、罠掛けて獲ってくれな。」

僕は夜が明ける前に5基のくくり罠を仕掛けた。昨年は解禁日の丸一日を

かけて、上限数30基の罠を設置した。銃猟での捕獲も含めると猟期中で通算約50頭のシカを獲った。

　今季は少しばかり心にゆとりを持って猟期を迎えられていた。そこで3日以内に獲物が掛かりそうな獣道だけに、最初の罠を設置することにした。残りの25基は夜が明けてからのんびり掛ければいい。

　猟期が始まった興奮で、闇夜でも恐怖を感じることはなかった。車のエンジンをかけっ放しにしてライトで照らし、視界を確保しながら林道を渡る獣道に罠を設置していった。

　空が明るみ始める頃、ようやく罠を仕掛け終えた。ぬるくなった缶コーヒーを飲みながらタバコをふかしていると、あちこちからシカの鳴き声が響いてくる。

「いるなぁ。家に帰って散弾銃を持ってこよう。シカ笛にも反応しそうだし」

　夜中に埋めたばかりの罠には、さすがに掛からないだろう。日の出の時刻にあわせてコール猟をやりに出直すことにした。

　朝8時、僕は残りの罠を軽トラックに積み込んで、山へ向かった。

　朝焼けで赤く染まった高千穂の峰を背景に、牛舎の脇を走る林道を奥へ進む。新旧の足跡が入り混じった獣道をチェックしながら、夜の間に仕掛けた罠を一応見て回ることにした。

　林道から罠を仕掛けた谷側をのぞき込むと、なにやら地面が荒れている。

「おいおい、まさかね…。」

　軽トラを止め、林道から歩いて森に入ると、茂みの中で大きなオスジカが立ち上がった。僕を見るなり、くくられた脚をグンと引いて走り回り、逃げられないと察知するや、立派な三段角を振りかざして威嚇してきた。

「掛かってる！ 牧草地でエサを食べた戻り道に掛かったのか。」

　昼のお弁当まで用意していたのに、奥の猟場での残りの罠掛けも、コール猟も中止だ。初日早々に大物とは、これ以上ない縁起のいい猟期の始まりだ。

「でかい！ 一人じゃ引き上げられない！」

　予想以上に立派なオスジカだ。下手に近づいたり、まごまごしている間に足の罠が外れたら危険だ。罠に掛かったメスジカは最後まで逃げようとするが、オスジカは意を決すると角で人間に向かってくる。

　僕は銃のカバーを外して、ゆっくりと

構え、一定の距離を保ちながら、止め撃ちできる角度へ進んだ。スラッグ弾を込めて、シカの動きが止まるのを待つ。

こちらがじっとしていればシカは動きを止める。ふっとシカが静かになったその時、頚椎を狙って引き金を引いた。

三段角の森の主

銃声が森にとどろいた直後、ドスン！という音を立ててシカが地面に倒れた。そっと近づいて、手でシカに触れる。息が止まったことを確認した。

血抜きは首の両側を走る太い血管を切って行う。スラッグ弾は見事に頚椎を粉砕していたが、反対側に弾が抜けた傷口が見あたらない。

おかしな角度で撃ったかと思ったが、弾が貫通した形跡はない。弾の侵入口からナイフを入れて開くと、砕けた弾頭が出てきた。驚いたことに至近距離から射撃したのにも関わらず、分厚い首の皮が銃弾を止めていたのである。

「ここいら一帯の主かもしれない。」

オスジカの顔や首には、オス同士のケンカでついたであろう歴戦の傷跡が無数に残されていた。数々の修羅場を潜り抜け、猟師が仕掛けた罠も見破って生き延びてきた老齢のオスジカ。こんな立派なシカを自分が仕留めたと思うと、すこし複雑な気分になった。

今日は罠の設置は見送りだ。血抜きを終えたシカを軽トラックに積み込もうとしたが、とてもではないが一人では全く動かない。暖かくなりそうだし、今から弘子を手伝いに呼んでいる暇はない。

南宮崎は11月も気温20度を越す日が続く。できるだけ早く処理を施さなければ、肉に臭みが生じる。状態のいい肉を得るためには、仕留めてから内臓摘出までのスピードが勝負なのだ。

その場で内臓を出すことも考えたが道具がない。そこでロープを使い、軽トラックでシカを牽引して引き出すことにした。なぜ林道の山側に罠を掛けなかったのかと後悔しても、後の祭りだ。

三段角に前足を固定し、ゆっくり軽トラックを後進させた。ジャリジャリジャリ！ 後輪が空転する。思った以上に重量があり、なかなかシカの体が上がってこない。

苦戦しながらようやく脇まで上げ、最後は角を持って必死に林道へシカを引き上げた。さらに軽トラックの荷台にシカの首を立てかけ、荷台に乗って全体重

をかけて角を引っ張り、乗せこんだ。

　初日から大とりものだ。これから解体作業をすれば、また罠を掛けに山へ入る気力は残っていないだろう。回収作業だけで体力をほとんど使ってしまった。汗びっしょりだ。

　林道を戻ると、入り口脇の牛舎から、ちょうど乙守さんが出てきたところだった。もちろん、軽トラックから降りて今季の初獲物を披露する。

「これまた、えらい大物を獲ったなぁ。これだけ傷だらけなのは、何度もケンカをふっかけられたんじゃろな。間違いなくこの辺りのボスだ、森の主じゃねぇ。」

　やはり群れの中でもかなり力のあるオスジカだったようだ。そんな森の主ならば山の神様からの贈り物として、なおさら肉の一片も無駄にできない。

　僕は急いで山を降り、知り合いの方の持つ湧水でシカを冷却させてもらった。このまま帰宅して解体するよりも、冷却しながら、より確実に血抜きを行ったほうが、臭みが生じず肉質は保たれると考えた。

　泉の冷んやりとした空気に包まれながら、僕は自らの罠掛けの見立てがうまくいったことに、しばしの満足感を味わっていた。

　翌日も猟果に恵まれた。牧草地に隣接した森に、またもや立派な三段角を生やしたオスジカの姿があった。

　罠を仕掛けていたのは、大きな足跡が単独で残されていた獣道だ。脇の木には真新しい角研ぎのあとがあった。両側には、無数のシカの足跡が付いた獣道が2本通っていた。

　メスとは別の道を歩くくらいの、大きいオスジカが形成しているハーレムだろう。そうにらんだ僕は、オスだけが通るはずの中央の獣道に、オスを狙って罠を仕掛けていた。

　三段角が生えるまでの年齢になると、オスジカはかなり神経質になる。だから欲張ってすべての獣道に罠を仕掛けると、先にメスや仔ジカが掛かり、オスは通らなくなる。初日に捕獲した獣道も、オスの大きな足跡が単独で残されている道だった。

掛かった獲物の引き出しは重労働だ。重たい猟銃を担ぎながら、全身の力を使って引き出す。三段角の生えた大ジカになると、引き出すだけで一苦労だ

奇跡のイノシシ

第2章 — 14年目の猟期

今年の僕はどうしたのだろう。まるでシカの行動が手に取るように読める。

いくらシカの生息数が多い霧島連山でも、罠の仕掛けが完璧でなければ、オスジカは掛からない。初年度はメスジカしか獲れなかった。30頭捕獲した2年目と、50頭近く捕獲した3年目の猟期でも、三段角のオスジカは1頭ずつしか捕獲できていない。

初日から連続でのオスジカの捕獲は、偶然といえば偶然かもしれないが、狙って獲ったと、胸を張ってもいい結果だと僕は思った。

解禁日から5日連続でシカが罠に掛かった。さらにその後は3日に1頭のペースで掛かった。やっとすべての罠を仕掛け終えたのは、猟期が始まってから1週間もたった後だった。

直感を信じる

「この調子なら、イノシシの足跡だけついた、あの獣道の罠は期待できる。」

僕はいつからか、シカとイノシシの足跡を明確に区別し、いつ頃付いた足跡なのかも判断できるようになっていた。

自宅で弘子に自慢すると、

「最初の頃はワケ分からんって言ってた

よね。イノシシとシカの足跡なんて見分けつく訳ないって言ってたくせに。」

そう言われて、猟を始めた当初を思い出した。たしかに獣道を見つけたら、手当たり次第に、くくり罠を掛けていた。
「なぁに。近いうちにシシ鍋だから。」

昨年までは1月と2月で合わせて、2頭か3頭のイノシシを捕獲するのが、精一杯だった。大きいイノシシは賢く、ことごとく罠を見破られた。ようやく掛かっても、小型で脂が少なかった。イノシシを狙って仕掛けた罠にシカが掛かると、イノシシは警戒してしばらく一帯から姿を消してしまう。

僕の猟場の霧島山麓には、1平方キロメートルに50頭ものシカが生息すると推定されている。霧島連山全体で考えると、とんでもない数のシカが生息している。だからシカが混じる獣道を避けて罠を掛けなければ、イノシシを獲る確率は極端に下がる。

今季の初イノシシは、カモ猟解禁の翌日に掛かった。イノシシの足跡だけが残されていた斜面を狙って罠を仕掛けておいたところ、20kgのイノシシが掛かっていた。確実にイノシシが通る道だと見立てた結果なので、小さいながらもうれしい1頭だった。

その斜面の下には藪が広がっていて、獣道が数本通っている。シカの好きなササやアオキなどの植物が生えているが、シカの足跡も食痕も見当たらなかった。
「イノシシの通い道に違いないぞ。」

シカが通る場所は、草や木の若芽がついばまれている。シカの食痕のない獣道ならイノシシが通る確率は高い。

僕の見立ては的中し、翌週も再び、同じ獣道でイノシシを捕獲できた。
「これでいい。自分の直感を信じて罠を掛けていこう。」

偶然は、いらない

僕は気持ちに余裕を持って、山に入るようになった。

言葉には表せないのだが、今日は獲物が獲れている、獲れていないというのを、なんとなくではあるが山に入る前に感じるのだ。獣道の足跡の鮮度を把握できるようになったから、おおよその予測はつくというのはある。

くくり罠猟では、最初の一歩目で罠を踏ませる。前脚をしっかりとくくっていれば、狙い通りだ。獲物へ罠の存在を気がつかせず、正確に獣の歩幅を把握

できている証拠になる。

　罠でくくった方の脚はうっ血してしまい、食肉に適さないことがほとんどだ。多くの肉がとれる後脚より、前脚をくくったほうが歩留まりはいい。プロの猟師としてやっていくなら、なおさら前脚をくくる必要がある。

　どんなに注意深く罠を仕掛けても、後脚をくくってしまうことがある。獲物の歩幅がつかめていないのは論外だが、罠の手前に仕込んだ〝またぎ枝〟を飛ばれたなど、予測と違う行動をされると、狙った前脚に掛からない。

　この場合、僕は「獲った」ではなく「獲れた」と考える。掛かったシカは不運そのものだ。

　自分の獲物に偶然はいらない。そういう思いが強くなった。

　狙い通りに獲物が掛かり始めた余裕もある。だが一線を引いて自分なりの考えを貫くことで、きっと罠猟師としての腕前に、磨きがかかるはずと思うのだ。

　狙い通りではない掛かり方をした獲物は、脚の状態を確認して、ひどい怪我をしていなければ放獣する。

　手をかざして「放してやるから暴れるなよ。」と語りかけながら、ゆっくりとシカに近づく。

　不思議にこういう状況だとシカは一切暴れない。まるでこちらの意図を透かし見ているかのように、じっと僕の顔を見て、おとなしくしている。

　この辺りをうろつくと命が危ない。シカがそう思って山から降りてこず、畑に被害を出さないようになれば、といった期待もある。

　狩猟を続けていると、色々な気づきがあり、同時に深く考えさせられる。

　問いかけは多いが、答えはない。自然の中で自問自答し続ける日々だ。それでも考えることをやめてしまうのは、自然に背を向けることのような気がしてならない。

でかい！

　その日、僕はいつものように軽トラックで林道を静かに進みながら、罠の見回りをしていた。解禁日に仕掛けたくくり罠のうち、1ヶ月も反応がない罠があった。

「通い道を変えられちゃったかなぁ。そろそろ移設するか。」

　そう思いながら薮を掻き分けて罠に向かうと、バキバキと木の枝を踏みしめる

音とともに、大きな黒い塊が動いた。

息を荒らげ、タテガミを逆立てて威嚇しながら僕に向かってくる巨大な物体。

「え？　なにこれ？　イ、イノシシか！」

僕が初めて逢うサイズの、巨大なオスのイノシシだった。

ワイヤーに自由を封じられて怒っているイノシシは、身の危険を察知し、興奮して何度も突進してくる。ワイヤーが伸びきると、勢いあまった大イノシシの身体が宙を舞う。

ドスンという重低音をたてて着地するたび、巨体がブルンと震えた。間違いなく脂ののった、上等の大イノシシだ。

「まずい。でかすぎる。」

今日はエアライフルしか持って来ていない。僕のエアライフルは最新式で、50m離れたカモの頭を貫通する威力がある。山ではカラスやキジ、ヒヨドリにも遭遇するし、罠に掛かった獣の止め撃ちに使えるため、普段はエアライフルを持っていくことが多い。

なにより弾代の節約になる。散弾銃で使うスラッグ弾が1発あたり約280円なのに対し、エアライフルの弾は1発あたり9円と、大きな差がある。

間近まで接近できるシカなら、脳天を撃てば確実に止まる。イノシシは最後まで人間に向かってくるため、10mは離れて眉間を狙い撃つ。

だが70kg以上の大イノシシとなると、体力もあるし皮や骨も分厚い。弾を撃ち込んで中途半端に傷を負わせると、間違いなく必死の抵抗を試みる。下手をすればワイヤーが切れて、やられる。

やはり大イノシシは散弾銃でスラッグ弾を使って撃ち止めるのが確実だ。一度自宅に戻って、散弾銃を持ってこなければ。

鼻っ面をくくった

止めたところで、これだけの大イノシシを一人では山から運びだせないのは明らかだった。ちょうどその日仕事が休みで、まだ自宅で寝ていた弘子を電話でたたき起こした。

「ちょい！　起きて出かける準備しといて！　とんでもないの掛かったから！」

罠を離れる前に、ワイヤーと掛かった部位の状態を確認すると、違和感があった。イノシシの足首に罠のワイヤーが見当たらない。けれどワイヤーはイノシシの動きを抑え込んでいる。

罠をセットした木の根元からワイヤーを

たどっていくと、イノシシの鼻っ面にその先が伸びていた。

この大イノシシは、どうやら罠の存在に気がついた。興味を持って鼻で押すなり、近くを掘るなりしている内に、うまいこと罠が発動して上アゴをくくったようだ。

「これはツイてる！」

足首をくくると、掛かった部位に血が回り、肩までうっ血して食用に不向きになる。上アゴをくくれば、より多くの肉を獲れる。

罠の下に米ぬかなどを撒いて、最初からイノシシの上アゴをくくろうと狙う猟師もいる。上アゴをくくればワイヤーがイノシシの犬歯（牙）に引っかかるので、そう簡単に逃げられることはない。イノシシが自ら足首を噛みちぎって逃げる心配もない。

罠の存在に気づかれたのは落第点だが、肉をいただく者としてはかえって好都合だ。

それでもこんな大物なので安心できず、急いで山を降りた。やっと掛けた大イノシシに胸が高鳴り、（逃げるなよ…）と何度も呟きながら車を走らせた。

冬とは思えないような暖かい日差しが差し込む12月の朝だった。

銃声がこだまする

自宅に戻って散弾銃を準備し、弘子を乗せて猟場に向かった。正直、これほどまでの大物が自分の罠にかかるとは全く思っていなかった。

「とにかくデカイんだってば。あれこそ脂ののった大イノシシ、本物のシシ肉にありつけるぞ。」

はやる気持ちを抑え、弘子に状況を説明しながら林道を進んだ。

弘子が寝起きで電話に出たときは、興奮している僕が何を言っているか、さっぱり分からなかったらしい。とりあえず大物が掛かったらしいとは理解して、急いで準備をして待っていたようだ。

「逃げていたら一生後悔する。いてくれよ…。」

イノシシはまだいた。念のため弘子を車に待機させ、イノシシの状態を伺った。どうやらワイヤーが外れる心配はなさそうだ。

オスのイノシシは70kgくらいの大岩でも、丈夫な鼻で突いて動かす。ワイヤーでくくった鼻がちぎれそうな様子もない。これなら落ち着いて対処できる。

「大丈夫そうだ。イノシシ見てみる？」

車から降りた弘子は、予想以上に大きいイノシシを見て不安そうな表情になったが、鬼嫁の眼力に負けたのか、イノシシはおとなしくなった。

「横を向いたら撃つから、下がって耳ふさいどいて。」

弘子を車の近くまで下がらせ、ゆっくりと散弾銃に弾を込めて構えた。イノシシを暴れさせぬよう、慎重にスタンスを確保し、横を向いた瞬間に引き金を引いた。

銃声が周囲にこだますると同時に、イノシシはその場に倒れこみ、脚をびくつかせると動きが止まった。

確実に止まったことを確認し、剣鉈（けんなた）（狩猟用の大型ナイフ）で頸動脈を切って放血した。

安全を確保してから、弘子に手伝ってもらって、大イノシシをひっくり返した。しかし弾が抜けた痕跡がない。

おかしいと思い手で触ると、分厚い皮ごしにゴロゴロした感触が伝わる。まさかと思い剣鉈で切開すると、つぶれたスラッグ弾がポロリと落ちた。

5mほどまで近づいて撃ったのに、弾は頸椎を粉砕したものの、反対側の皮まで貫通していなかったのだ。やはりエアライフルでの止め撃ちをあきらめ、散弾銃を取りに帰ったのは、賢明な判断だった。

立派なシシじゃ

血抜きを終えた大イノシシの前脚にロープを掛け、斜面を引き出して車まで運んだ。

林道までの下り斜面を引き出すのは楽だったが、軽トラの荷台に載せるのはひと苦労だった。二人でなんとか頭部を荷台に載せたあと、弘子にロープを引っ張ってもらいながら、僕が全身の力を使い、背中でイノシシを押し込んだ。

帰り道は大師匠・乙守さんの家に寄り、猟の報告がてら荷台のイノシシを見せた。

「こりゃ立派なもんじゃ！ 太ってて状態もいい。ほれ、牙がえらい短いだろ。若い証拠だ。若いから肉も柔らかそうだし、このシシは上等じゃぞ。90kgは余裕で超えとるな。浩之君ももう一人前だな。これからはバンバン獲れるようになるさ。」

僕がようやく手にした大イノシシを、乙守さんは一緒になって喜んでくれた。

牙のサイズから、おそらく年齢はまだ1歳。それなのにここまでの大きさに育っているのはとても珍しい。間違いなく最高の肉がとれるぞ、と乙守さんは教えてくれた。解体したら肉を持ってきますと約束し、急いで山を降りた。
「お父さんにも見せよう。きっと喜んでくれるよ。」
　弘子の提案で弘子の実家に立ち寄り、お父さんにも獲れたばかりのイノシシを見せた。
「おぉ、これは大きい！ やっと獲れたか！ よかったなぁ。炭火で焼いたらうまそうだなぁ。脂ものってそうだねぇ。」
　それなら明日のお昼はシシ焼にしましょうと、お父さんに約束した。お父さんと話している向こうで、弘子がダンボール箱を持ち出して軽トラックの荷台に積んでいるのが見えた。

猟師の嫁
　自宅に着いたらさっそく作業場の柱にイノシシを吊るし、解体作業に取りかかった。重量を測ると94kgもあった。
　皮は分厚そうなので剥ぐことにした。脂肪を残さずに皮を剥ぐのは手間がかかるが、少しでもおいしく食べてやるのが獲った者の務めだ。
　内臓を取り出すべく腹部を開き、断面を確認すると、案の定、皮はとても厚かった。脂身の厚さにも驚いた。なんと5cm以上もある。脂は背中側へいくにつれて厚みを増すから、背脂はとんでもないことになりそうだ。
「あたしはちょっと準備してくるから、先に解体してて。」
　弘子がそう言って姿を消した。解体を手伝ってくれるのかな。不思議に思いながら僕は内蔵の摘出に取りかかった。
　皮を剥ぎ始めていると、弘子が作業場に戻ってきた。両手には先ほど実家で荷台に積んだダンボール箱、皿と箸、塩とコショウ。
「あ、かまわず続けて。」
　そう言うと弘子は七輪に炭を入れ、バーナーで火をおこし始めた。あのダンボール箱は木炭だったのか。解体を手伝ってくれるんじゃないかと期待した僕がおろかだった。僕が苦労して皮を半分剥がし終えた頃、弘子の炭もちょうど赤々とおきていた。
「あ、そこんとこ切って。」
　弘子は解体途中のイノシシの、バラ肉の一番いいところを指定して僕に切らせ、

七輪の網の上にのせると、満足げな表情で缶ビールのフタをプシュッと開けた。

完全におっさんだ。

「いやぁ、猟師の嫁ってのも悪くないねぇ。」

たくましくなったもんだ。最初は吊るされているシカを見ただけでギャーギャー騒いでいたくせに、今じゃ旦那がイノシシを解体している横で、肉を焼きながらビールを飲んでいる。

あとで先輩猟師にこのことを話したら、「いい嫁さんじゃないか。うらやましい!」と言われた。

僕もカシラやホホ肉など、猟師だけが食べられるイノシシ肉の希少部位を堪能しながら、解体作業を進めた。血抜きも内臓抜きも早かったので、肉の味はすばらしかった。

奇跡のイノシシ

翌日は最高のイノシシ肉を半身ずつ持って、大形さんの奥さんと乙守さんのお宅へ、弘子と一緒にあいさつに行った。

南宮崎では昔は上等の大イノシシを何頭か獲ると家が建つと言われていたという。

僕は狩りの獲物の肉をお分けすることを〝お福分け〟と言っている。

「大形さんと乙守さんに出会わなければ、僕はこの立派なイノシシと出会えませんでした。だから僕が獲った獲物の半分は師匠たちのものだって考えているんです。」

そう伝えたら、お二人とも喜んでお肉を受け取ってくれた。

移住した最初の夏、大形さんの息子さんに招待されて、焼肉をごちそうになった。塩コショウだけで焼いたイノシシ肉の味が忘れられない。それは大形さんが生前に獲った最後のイノシシの、最後の一切れだった。

時間はかかったけれど、ようやくあの時のお返しができた。

昼食は、お父さんと約束したイノシシの焼き肉だ。弘子の実家へ向かった。

僕が思っていた以上に、今回捕獲したイノシシは上等だった。

背脂の厚みが8㎝もあるイノシシ肉。若いから臭みがまったくない。こんなに最上級のシシ肉はもちろん初めてだった。

ブロック状にした肉を食べやすいように、包丁でていねいに薄く切っていった。

弘子が叫んだ。

「お父さん! なに食べてるの!」

炭おこしをお願いしていた弘子のお父さんが、脂が焼ける香ばしい香りに我慢できず、イノシシ肉を七輪の網からつまんで、ビールを片手に一人宴会を始めていた。

　がんと戦っていたお父さんは、すっかり食が細くなっていた。食欲がわかず、病院へ通って点滴で栄養を補っているほどだった。

　それなのに昨日この大イノシシを見せたら、「炭で焼いて食べたいなぁ。」と言ってくれた。だから僕たち夫婦は、少ししか食べられないお父さんのために、最上のバラ肉とロース肉を用意してきた。

　「やわらかくてうまい！　浩君、肉足らんぞ、なくなるよ？」

　用意したバラ肉があっという間になくなった。あわてて追加の肉を自宅から持ってくる頃には、ロース肉までなくなっていた。

　僕が獲ったイノシシの肉を、おいしそうにほおばるお父さん。食欲不振がうそのように、まさに〝奇跡のイノシシ〟だ。

　自分が獲った獲物がこんな風に人を幸せにできるなんて。

　猟師になって本当によかったと、心の底から思った。言葉にならないたくさんの思いがこみ上げて、その場で泣き出してしまいそうだった。

　「こんなシシ肉、食べたことなかったよ。シシ汁も最高においしい。いやぁ、ほんとに浩君、ありがとうなぁ。」

　2缶目のビールを飲みながら、お父さんが満面に笑みをあふれさせた。

　この日の大イノシシのふるまいが、お父さんが腹いっぱい食べた最後の食事だった。お酒を飲んだのもこの日が最後だった。

COLUMN 03

食文化の違いにびっくり

　醤油が甘い。宮崎に引っ越してきて、一番の大ショックだったかもしれない。関東で使っていた醤油に砂糖をたっぷり溶かしたというか、醤油だけで煮物ができるほど。甘エビの刺身なんて砂糖つけて食べてるような感じ。塩辛い醤油で育った僕は九州醤油の甘さにはいまだに舌がなじまない。弘子も関東舌になっていて、地元の甘い醤油が苦手になっている。だから弘子の実家には僕ら夫婦用にキッコーマンがボトルキープしてある。

　ミソも甘みの強いものばかりだ。あたたかい土地柄からか、料理の味付けは僕には甘いと感じることが多い。野菜の甘さが染みでたミソ汁はいいが、ミソそのものの甘さが広がるミソ汁にはどうも慣れない。関東のメーカーのミソをわざわざ隣町まで買いに行く。ソバやうどんのツユも甘い。

　うれしかったのは国産の畜産肉が都心の半額ほどということだ。霜降りが見事な宮崎牛の切り落としが、特売日には100gで300円以下だったりする。地元産の和牛は都心で買う外国産の牛肉と同じ値段で買える。生産地だからこそだ。

　スーパーの精肉コーナーの一角に、地鶏のたたきや刺身がひしめき合っていたのには驚いた。洒落た料理屋ならお皿にちょっとでウン千円するものが1パック300円で売っている。ササミの刺身や胸身のタタキなどを入れた豪勢な盛り合わせでも、500円くらいで買えてしまう。

「猟師が肉買いにくるとは、こりゃ山には獲物がおらんのだな？」

　地元のスーパーで肉を品定めしていると、顔なじみの店員さんにからかわれる。獲物の肉もそりゃ美味いが、猟師だってたまには牛や豚、鶏だって食べるさ。

　高原町の直売所では旬の野菜が手ごろな値段で並び、季節によって山菜やキノコも出回る。朝に収穫して持ち込むのでとにかく新鮮だ。値札には生産者の名前が印字されている。無人販売所で野菜を補充しに来た知り合いの農家さんと会うと、これもあれもとおまけしてもらえたりする。絶対大赤字だと思うんだけど、農家さんはなんだかうれしそうだ。

　そういえば個人的に大変残念なことがあった。大好物のスジコがどこにも売っていない。スーパーはもちろんコンビにもスジコのおにぎりがない。だから獲物の肉と交換で僕の親にスジコを送ってもらっている。

　それとラーメンが細麺の豚骨系ばかりだ。川崎時代に釣りの帰りによく食べていた家系ラーメンや、醤油味の中華そばがない。煮詰まって真っ黒になった塩辛いツユの駅ソバも懐かしい。電車を使う人が少ないので、駅に立ち食いソバ屋自体がないのはちょっと寂しいかな。

第3章 | 家族の肖像

第3章 一家族の肖像

筏(いかだ)の上で

　弘子のお父さんは、週末になると自宅から車で30分ほどの距離の小野湖（綾南ダム）へ通っていた。

　小野湖は高原町の隣の小林市須木村にあり、流入河川の上流部でヤマメが釣れる。小野湖には木組みの上に簡易な小屋を建てた筏が数基浮かんでいる。そのひとつをお父さんが所有していた。

　コイ釣りが大好きなお父さんは、よく泊まり込みで小野湖に行って、筏からのんびりと釣り糸を垂れていた。釣りも目的だろうけれど、お父さんにとって筏は大人の秘密基地みたいなものなのかもしれない。

「筏に作った生け簀が壊れちゃったから、浩君、直すの手伝ってもらえんか？」

　釣ったコイを入れる生け簀の囲いが劣化して穴が開いてしまったらしい。

「ついでにボートからフライやらせてあげるよ。ブラックバスがよく釣れるよ。」

　お父さんは僕の釣り方をよく分かっていらっしゃる。ボートからならば陸からは入れない、いいポイントを釣ることができる。僕は手伝いますと即答した。

　ブラックバスをフライフィッシングで狙うのは久しぶりだ。引っ越してきた当初は高原町内にある御池によく通って

いたが、近隣の川でヤマメやニジマスを狙えるのを知ってからは足が遠のいていた。

「たまには湖の釣りもいいな。大きいのを釣って、釣りのプロらしいとこを見せなきゃ。」

いつも弘子においしいところを持っていかれていたので、今度こそはと意気込み、ブラックバス釣り用の毛鉤を巻いた。

ブラックバスだ！

翌朝、生け簀の補修資材を車に積み込んで、お父さんと二人で小野湖へ行った。

天気もよく風も穏やかで、湖面は鏡のように穏やかだ。ボートで筏に移り、資材を降ろした。修理は釣りをやってからということになり、再び二人でボートに乗り込んでブラックバスがいそうな場所を探した。

「今日は水温が高そうだから、水が流れ込んでいるところなんかどう。コイ釣りしていると、バスが泳いでるのをよく見るよ。」

流れ込みには小魚やモエビなどの小動物が集まり、それを食うブラックバスやブルーギルも集まってくる。小野湖の地形を知り尽くしているお父さんに、ポイント選びはお任せすることにした。

まずは魚の活性を確かめたかったので、水面に浮く昆虫をイメージした毛鉤を投げてみた。虫がもがいている様子をイメージして、毛鉤を水面で小刻みに動かした。水面下から魚が飛びついた。

心地よい引きが手元に伝わった。ボートまで手繰り寄せると、毛鉤をくわえたブルーギルが水面の下で暴れていた。

「へぇ、ブルーギルもフライで釣れるんだ。こんなに簡単に食ってくるなら、ミミズより釣れそうだ。」

お父さんが驚いた様子で言った。毛鉤が着水するとブルーギルが群がってくる。じっと見つめるブルーギルたちの目の前で毛鉤を動かせば、我先にと食いついてくる。

お父さんにもフライフィッシングを楽しんでもらおうと、投げた後の竿を手渡して、ブルーギルを毛鉤で釣ってもらった。

「これは面白いね。食いつくところが見えるのがたまらんね。」

そう、魚が食いつく瞬間が見えるのはフライフィッシングの大きな魅力だ。

「毛鉤でヤマメを狙うのも楽しそうだね。浩君が夢中になるのが分かる気がするよ。」

僕はブラックバス用の大きいサイズの毛鉤へ結び替えた。流れ込みに毛鉤を投げ、流れてくる昆虫をイメージした。

水の流れがゆるくなったあたりで、水中から黒い影が浮かび上がり、僕の毛鉤へ勢いよく飛びかかった。

「バスだ！」

お父さんはバスが毛鉤に食いつく瞬間を見て興奮していた。バスはブルーギルよりも断然力強く、竿が大きく弧を描いた。

「ゆっくりゆっくり。ばらしたらもったいないぞ。」

鋭い引きをかわしながら、少しずつ魚を寄せた。暴れくるうブラックバスの姿が見えた。お父さんがコイ釣り用の網ですくってくれた。

「なかなかの型だ。こんなのが釣れるんだったら、毛鉤釣りもいいね。」

47cmあったブラックバスは体高もあって迫力があった。僕はなんとか毛鉤釣り職人の面目を保てて、一安心だった。

コイ釣りやらんか

筏に上がって小屋のドアと窓を全開にし、空気を入れかえた。日差しはきつく暑かったが、やわらかい風が湖上を流れていた。

窓際に腰かけて弁当を食べながら、お父さんと二人で話をした。

「この筏はね、仲間と一緒に陸で組み立てて、ボートでここまで引っ張ってきたんだ。木材にタールを塗って防水加工したり、トタン板を柱に打って小屋を立てたり。大変だったけど、苦労したかいがあったよ。」

筏の所有者の組合があって、景観を損なうことからこれ以上の筏の設置は中止されているそうだ。

「浩之君は、ここの上流に釣りに来るんでしょう。ヤマメがいるって聞いたことなかったからびっくりしたよ。」

ヤマメ釣り場としてはえびの市にある渓流が特別有名だったので、ヤマメ釣りをしない人は他の川をあまり知らないようだ。

「30分くらい上流部に行けば、状況次第で入れ食いになります。エサ釣りなら相当釣れるんじゃないかなぁ。」

筏の上でお父さんと過ごす時間が心地いい。水面でコイが跳ねた。あれは

いい型だぞ、とお父さんが言った。

「浩之君もコイ釣りやらんか。竿と仕掛けはここにあるから、好きなときに来て使えばいい。猟期になったらカモ猟の拠点に使ってもいいよ。」

仕事を引退してから、お父さんは大腸がんを患った。手術は成功したが転移があって、抗がん剤治療を行っていた。体調がいい日は、気晴らしにコイ釣りに出かけていた。きっと一人で釣りをするよりも、話し相手がいたほうが楽しいに決まってる。

「だったらコイ釣りを教えてください。子どものころにやりましたけど、全然分からないですもん。」

自分でする釣りはフライフィッシングがほとんどだが、僕は釣りそのものが好きだ。お父さんの秘密基地で、一緒にコイ釣りをしながら一日を過ごすのは最高に幸せじゃないか。

「猟期になったら、僕が撃ったカモで鴨鍋でもしながらコイ釣りをしましょう。」

それはいいアイデアだと、お父さんはうれしそうだった。ツクツクホウシの鳴き声も少なくなり、夏の終わりを感じさせる午後の湖だった。生け簀の金網を取り替え終える頃には、もう夕方になっていた。

小野湖で。台風の影響で増水し、筏まで乗っていくボートが沖合に取り残された。たまたま湖上を舟でやって来た知り合いにお願いしてボートを救出した

獣道を探して山を歩いているとき、キクラゲが生えている枯れ木を見つけた。弘子のお父さんに手伝ってもらって伐採し、自宅に持ち帰った。これで天然キクラゲが食べ放題。

仕事で行き詰まり、こっそり家を抜け出して川へ行く。川辺に腰を下ろして流れの音に耳をすませていると、悩みなんてどこかへ消えてしまう

第3章 一家族の肖像

畑に立つ

「浩君、今日時間があったら、ニンニクを植える準備を手伝ってもらえんか。」

お父さんからの電話で、実家の畑の土作りを手伝って欲しいと頼まれた。僕も畑にはとても興味がある。昼までに毛鉤の仕事を終わらせて、実家に行きますと約束した。

「弘子は仕事でいないんでしょ。雑炊を作るから昼ごはんも食べにおいで。」

婿である僕にご両親はとてもよくしてくれる。実の娘の弘子が嫉妬するくらいだ。お母さんと弘子が二人でスーパーへ買い物に行くと、お母さんは駄菓子やらアイスやら、僕が好きなものを勝手にたくさん買い物カゴに放り込む。

「旦那を甘やかさんでいいって。」

「いいの！ お母さんが浩君を甘やかしたいの！」

いつもこんな会話が交わされているという。甘えていいところは素直に甘えたほうが、ご両親も喜ぶ。その分、僕たちができることはできるだけご両親の力になろうよと、弘子に言った。

「あんただけ頑張りなさいよ。娘の私は甘やかされとらん。」

僕からみれば、お父さんは本当に弘子が好きなんだと思う。僕と二人で釣りに

行くよりも、弘子をまじえて三人で出かけたほうが、悔しいけどお父さんは楽しそうだった。

　弘子の実家の玄関脇には、お父さんがビールを冷やしている冷蔵庫がある。実家で一緒に過ごした帰りは、必ず弘子がお父さんのビールを拝借していく。
「まーた、お前は人のもんを！自分で買え。」
　文句を言いつつニコニコ顔だ。
「弘子は飲んだら補充せんからな、まったく。」
　そう言いながらお父さんは娘が持っていくために、冷蔵庫にビールを補充しておく。弘子とお父さんのやりとりを見ていると、僕が弘子を高原町に連れて帰ってきたのは、親孝行になったんだなと思う。実の息子のように僕も家族の一員として接してくれる家族が大好きだ。

　両親は一時期大阪で暮らしていたことがあった。高原町に戻ってから収入が大幅に下がった。何とかしなければと独立して工務店をおこし、生活の基盤を立て直したとお母さんから聞いた。
　田舎と都会とでは収入に格差があることを自分たちで苦労して身に染みて分かっていたから、東京からIターンしてきた僕たちのことが、なおさら心配だったのかもしれない。

　弘子の実家に着くと、雑炊が炊き上がっていた。近くの洋菓子店で買ってきたクッキーとプリンを、お土産に手渡した。妻の両親と婿が三人でコタツを囲み、土鍋の雑炊を食べた。ちょっと珍しい光景かもしれない。
「あとは浩君が食べてな。遠慮せんでいいぞ。」
　私たちはもうお腹いっぱいだからとご両親は箸を置いたが、雑炊はまだまだ残っていた。拷問ですと苦しみながら、僕は鍋の中身をきれいにした。
「このクッキーうまいな。弘子にばれんよう、隠しとかなきゃ。」
　僕が買ってきたクッキーをまるで子どものように隠すお父さん。そういえば弘子の分のプリンを買ってくるのを忘れていた。食べたのが見つかるとまずいと言って、プリンの空き容器をお母さんがゴミ袋の奥深くへ押し込んだ。

畑は面白い！

　弘子の実家の敷地内にはお父さんが趣味で育てている自家用の菜園がある。趣味とは言え都心なら立派な庭付きの

一軒家が建つ広さだ。
　畑に立つとお父さんが言った。
「薬を投与してるから思うように動けなくてね。ごめんね。」
　前から畑仕事を教わりたかったんですよ、と僕は言った。
　最初に耕耘機のエンジンのかけ方を教わった。燃料コックを開いてスターターコイルを回すとエンジンが動いた。
「このレバーがクラッチ。握るとニュートラルになる。片方だけ握れば勝手に曲がるよ。」
　耕耘機を畑へ進めた。畑の手前でギアを低速にし、爪の回転レバーをオンにした。
「爪に足を巻き込まれないようにね。最初は浅くやらんと、爪が引っかかって耕せないんだ。何度か往復しながら、少しずつ深く耕すから大変だぞ。」
　往復するたびに土が軟らかくなる。次第にタイヤが土に足をとられるようになり、思うようにまっすぐ進めない。
「ほれ、曲がっとるぞ。」
　お父さんが笑いながら見ていた。どうも要領が分からないが、強引に力ずくで直線を取りながら耕していった。予想以上に重労働だ。

　一通り耕し終えると、堆肥の散布だ。
「本当は石灰をまいて寝かせてから堆肥なんだけど、一緒にやっちゃっていいよ。今までその方法で野菜は育ってるから大丈夫。」
　これがまた大変。一輪車に堆肥を山盛りに積んで、耕した畑へまいていく。何度か往復して堆肥をまいたら、トンボで均一に広げる。耕耘機で再び掘り返して、堆肥と土をなじませた。
「もう一度、平らにして石灰をまいたら、今日は作業終了。」
　雨が多い日本は土壌が酸性に傾きやすい。ほとんどの作物は酸性の土壌を嫌う。そこで土壌のphを調節するために苦土石灰（くどせっかい）を散布し、酸性化を抑止する。カキ殻を主原料とした有機石灰を使うこともある。
　手分けして石灰を散布し、ようやくニンニクを植える下準備が終わった。
「上手に耕せたよ。これで2週間くらいおいたら、ニンニクの植え付けだ。ニンニクを植えたら、次はタマネギもお願いしようかな。」
　川崎育ちの僕は、今までの人生で畑仕事なんてまったくやったことがない。初めてにしては上出来だとお父さんから

合格点をもらえたことで、僕は野菜の栽培にも、がぜん興味がわいてきた。
「すごく面白いです。ぜひ一緒にやらせてください。」
畑の脇に二人で椅子を並べて、野菜の育て方のコツを教わった。

スズメバチと闘う

秋が近づくとスズメバチの活動が活発になる。草刈りや農作業中は注意しなければいけない。弘子の実家でも、スズメバチの姿が増えていた。ニンニクの植え付けを手伝いに弘子の実家に行った。すると畑の隅でお父さんが虫取り網を振り回していた。
「スズメバチに目をつけられた！ ミツバチの巣箱が襲われているんだ。」
お父さんが自作したミツバチの巣箱に次々と飛来するスズメバチ。ハチミツとハチノコを狙っているのだ。
巣箱の周辺にはスズメバチに殺されたミツバチの死骸が散乱していた。かれこれ2時間もスズメバチと格闘しているという。巣箱の被害はかなりのようだ。
「獲っても獲っても飛んでくるからタチが悪い。」
お父さんが指差す先には焼酎が入った瓶が置いてある。捕獲したスズメバチがギッシリと焼酎に漬けられている。
「焼酎漬けにしてやろうと思ったんだけど数が多すぎる。きりがないから踏み潰してるけど、ほら、これだけやってもまだ来る。」
これではニンニクの植え付けどころじゃない。お父さんの網をかいくぐって巣箱に侵入しようとしたスズメバチの身体に、数匹のミツバチが群がっていた。ミツバチは仲間と協力して熱を発し、自分たちの死と引き換えにスズメバチへ立ち向かう。
僕も網を持って、お父さんとミツバチに加勢した。1時間ほどたった頃、ようやくスズメバチの襲撃がおさまった。
「これはダメかもなぁ。ミツバチの出入りがなくなっちゃった。くやしいなぁ。」
翌日巣箱を確認すると、住人だったミツバチの姿がない。やはり放棄されてしまったようだ。
「来年こそおいしいハチミツをとるぞ。」
お父さんは残念そうな表情でミツバチの巣箱を見つめていた。僕は今ごろ残りものを漁りにきたスズメバチを網で捕まえ、足で思いっきり踏みつぶした。

「茶色の手」を持つ女

　先延ばしになったニンニクの植え付けを午後から弘子と一緒に手伝った。マルチと呼ばれる農業用のビニールシートの穴に沿って、ニンニクのりん片を植えていく。
「大きいのがジャンボニンニク。来年の５月頃に収穫かな。黒ニンニクを作って体力をつけなきゃ。小さいやつは普通のニンニクね。大体りん片の３倍くらいの深さに植えていって。」
　ニンニクのりん片は、ざっと見て500粒ほどある。屈んでりん片を植え、上から土を被せて埋めた。ちょっと作業しただけで腰が悲鳴を上げ始めた。
「これはお父さんにはさせられんわ。」
　弘子がお父さんを気づかって一日で全部終わらそうと張り切っていた。半分ほど植え終えたとき、お父さんがハクサイの苗を持ってきた。
「おーい弘子、これもやっといてくれ。」
　じつは弘子は、部屋の観葉植物をすぐに枯らす〈茶色の手〉の持ち主だ。そうと知っているのか、お父さんは心配そうに弘子につきっきりで指示をだしていた。
　ニンニクの植え付けを終え、弘子がハクサイの苗に水をやった。テンポよくシャワーヘッドで水をかけていく。
「これ弘子、そんなんじゃ足らん！　もっとタップリかけんと。ほれ貸してみ。」
　結局見かねたお父さんが苗に水をかけた。隣の畝には、もうカブやキャベツなどの冬野菜が育ち始めていた。
「11月になったらタマネギを植えて終りかな。浩君、猟期で忙しいかも知れんけど、手があいてたらお願いね。」
　カキとユズの実もなり始めている。秋は収穫も忙しくなりそうだ。
「もうじき猟期だね。新ショウガでシカ肉を食べたいな。脂ののったイノシシを待ってるよ。鴨南蛮も楽しみだな。」
　その日の晩も実家で夕食をご馳走になった。お父さんは次の猟期のことを楽しそうに話題にした。脂身たっぷりのイノシシを獲って、お父さんに元気をつけてもらおう。――
　帰りの車中、お父さんの舌が年々肥えていると弘子が言った。
「あんたが来てから、ヤマメにニジマス、シカにイノシシ、山菜にタケノコ、新鮮で高級なものばっかり食べさせるからだよ。困ったもんだ。」

COLUMN 04

職業猟師の猟法について（鳥を獲る）

　銃猟狩猟免許には、散弾銃と空気銃が使える第一種銃猟狩猟免許と、空気銃だけが使える第二種銃猟狩猟免許がある。空気銃だけで鳥撃ちを楽しむ人も多い。

　池に群れているカモを誰かが脅かして飛び立たせ、飛んで逃げるところを待ち構えていた射手が一斉に射獲するのは、よく行われる猟法だ。デコイと呼ばれるカモの模型を浮かべ、ダックコールでカモの鳴き声を真似て群れを呼び寄せ、枯れた葦などでカモフラージュした小屋から撃つ猟法や、ボートで接近して飛び立ったところを狙う舟撃ちもある。（→前作 P.158）

　単独猟でもカモ猟はできる。カモに悟られぬように水際まで慎重に近づき、パッと姿を見せて飛び立ったところを撃ち落す。空中のカモの動きを読み、照準をカモのやや前方に合わせる偏差撃ちを行なう。

　散弾銃ではカモのどこに着弾するのか分からない。僕はエアライフル（空気銃）を使い、カモの頭部を狙撃する。頭部を狙撃すれば羽も胸身も痛めない。30〜50mほど離れた位置から射撃する。近いほど命中精度も上がるが、カモの警戒心は想像以上に高い。ちょっとした音や動きを察知し、怪しいと思うとすぐに飛び立つ。なので脅かさぬように、できるだけ離れるのが無難だ。

　エアライフルは50m先の500円玉大の的に着弾する精度があるが、猟場では手の震えや腕の動きで照準がブレるし、風が吹けば弾道が反れる。獲物が動いていれば照準を進行方向にずらす必要もあるし、距離の遠近で照準を調整する必要がある。エアライフルでの狙撃には、かなり高い技術が求められる。

　キジ猟では猟犬を使う。キジを見つけるとにらみ合うので、犬に合図を出してキジを飛び立たせたところを、散弾銃で撃ち落す。僕は偶然出会ったキジを追いかけて撃ち落すくらいだが、猟期中に平均して7羽ほどは確保できる。ヤマドリは地元では非狩猟鳥のコシジロヤマドリが多く、僕はまだヤマドリ撃ちの経験はない。

　散弾銃では一般的なカモ狙いの3号弾だと一撃で140粒も発射される。距離が近ければ照準がズレていない限り撃ち落せるが、距離が遠くなると粒がより散開する上に威力も弱まり、致命傷を与えにくい。

　厚い羽が装甲をまとっているようだといわれるカモは、40mも離れると空中で着弾してよろめいても、何食わぬ顔をして飛んで行くこともある。

　手負いにする可能性も高いので、僕は30m以上離れているカモは、散弾銃では狙わない。自分の腕じゃ中る（当たる）自信がない。ぶっ放せば中りそうな散弾だが、実際は思った以上に中らないものだった。

会えてよかった

第3章 一家族の肖像

　正月が明けてお父さんは再入院した。弘子と僕がお見舞いに行くと、病室は毎回盛り上がった。
「今日は獲れたのかい。調子よくなってきたね。退院したら鴨鍋で快気祝いだな。」
　解禁から不猟続きだったカモが、ようやく数を揃えられるようになりましたと報告すると、お父さんも一緒になって喜んでくれた。山や川や畑のことを話していると、お父さんの病気が信じられない。
　その日の夕方、担当の医師から実家に電話があった。お母さんと弘子、そして僕が、病室へ入る前に診察室へ呼び出された。重く冷たい空気が漂っていた。
「残念ですが、このままですと1ヶ月もてばいいほうです。」
　みんな分かっていた。戻らない食欲、腹部の張り、時折見せる苦しそうな表情。けれどもしかしたらという希望にすがり、僕たち家族はお父さんと会う時は笑顔を絶やさなかった。弘子が言った。
「お父さんの顔を見たら泣いちゃう。今日はごめん、お願いしていい…？」
　医師との面談の後、お母さんと弘子を車に残して、僕は一人でお父さんの病室に向かった。

もっと話したい

　僕は病室へ向かうエレベーターの中で気持ちを整えた。病室に入ると、お父さんは少し調子がよさそうな表情で僕を迎えてくれた。いつもと変わらない会話をしながら、タイミングを見て僕は言った。
「実はそろそろ子どもがほしいねって、弘子と話しています。あ、でも、弘子にはまだ言うなって言われてるから、内緒ですよ。」
　するとお父さんは見たこともない笑顔になった。
「よかった、本当によかった。弘子に子どもの話をすると怒られるからな。これは孫の顔見るまでは、上にいけんな。浩君、ありがとう。弘子のことよろしくな、大事にしてやってくれ。」
　僕は涙を必死にこらえて、お父さんと握手を交わした。その手は今までで一番やさしくて、力強かった。
「名前はお父さんに決めてほしいんです。まだ全然早いんですけど。」
　実家へ戻り、お母さんと弘子の三人で今後のことを話し合った。するとお母さんの携帯へお父さんから着信があった。
「弘子が子どもほしいって。さっき浩君がこっそりお見舞いに来て教えてくれたんだ。」
　電話から漏れるほどの声で、お父さんがお母さんに報告していた。内緒ですって言ったのに。よほどうれしくて電話したかったようだった。
「お父さん、本当にうれしそうだよ。」
　もしかしたら何とかなるかもしれない。僕はあきらめられなかった。家族みんなが同じ気持ちだった。弘子の口からも子どものことをお父さんに話した。二人で漢字を選んで名前を考えたりしていた。きっと心の支えになったろう。
　少しでも長く、お父さんと話したい。流れていく日々の時間がものすごく早く感じた。

僕のために

　亡くなる5日前のことだ。お父さんは声を出すのもやっとだった。
「どうしても北ノ園さんに会いたい。」
　かすれる声をふりしぼり、急に僕たちに頼んできた。
　北ノ園さんは以前お父さんと一緒に仕事をしていた親しい方だ。すぐお母さんが電話をかけたが、つながらない。

「あれだけ会いたがってるんだから、何とかしてやりたい。住所分からんけ？」

弘子の長兄の誠也兄ちゃんが記憶を頼りに探し回ったが、北ノ園さんのお宅は見つからなかった。

翌日になり、お母さんの携帯に着信があった。留守番電話を入れていた北ノ園さんからだった。

「よかった！ 今ね、うちのお父さんが入院しててね…。」

お母さんが近況を説明すると、明日必ずお見舞いに行くとおっしゃってくれた。仕事から戻ってきた誠也兄ちゃんに話すと、ほっとした表情になり、椅子へ崩れるように座った。

次の日、お母さんと弘子と僕の三人で病室にいるとき、白髪の男性が入ってきた。「北ノ園さん来たよ！」

絶えまない痛みに苦しんでいたお父さんが目を開いた。北ノ園さんの姿を見て久しぶりに笑顔を見せた。

僕と弘子が30分ほど席を外していたら、お母さんが僕を呼びに来た。

病室に入ると、お父さんが僕を手招きしてベッドのそばに呼んだ。声を必死に絞りだして話し始めた。

「北ノ園さん、小野湖の筏、うちの婿さんに譲ってもいいかい？」

聞けば、お父さんと行った小野湖の水上筏は、北ノ園さんと共同所有のような形で管理していたものらしい。北ノ園さんは気持ちよく答えてくれた。

「おぉ、よかよ。自分も歳でなかなか行けないし、継いでくれるならいいじゃないの。」

お父さんは、ちゃんと筏を僕に譲りたいという思いで、なんとか北ノ園さんと会いたかったのだそうだ。

最後の最後まで、よそからやってきた僕のために。今まで泣くまいと我慢していたけど、この時は無理だった。

「ありがとう、お父さん。小野湖の筏は、僕がちゃんと管理します。」

安心した表情になって目を閉じたお父さんの手を握って、約束した。

山へ行ってきます

2月7日深夜、弘子のお父さんが亡くなった。73歳だった。

僕がお父さんと過ごしたのは、高原町に移り住んでからの4年と半年。ほんの短い時間だ。

お父さんと僕は家族の中で唯一、釣りという趣味が同じだった。山や町で

お父さんの知り合いに会うとよく、今日は息子さんと一緒かい？ と言われた。

結婚の挨拶で初めて会った時、緊張している僕に、冗談を飛ばして和ませてくれた。僕は顔を真っ赤にしながらお父さんとお酒を酌み交わした。あの「百年の孤独」の味は今でも覚えている。

知り合いの方たちに、僕が獲ったシカやイノシシ、カモの料理をふるまう時は、まるでお父さんが獲ったかのように「うまいだろ？」と自慢していた。自分のことのように喜んでくれるのが、僕は本当にうれしかった。

僕がタイイングして額装した毛鉤も、色々な人に見せてくれた。僕が執筆した雑誌、町の広報誌の記事や単行本は、見舞いに来てくれた人にベッドの上で見せびらかしていた。病室の棚には、単行本のポスターが大切にしまってあった。

自分の息子のように、僕がやることをなんでも喜び、周囲に自慢してくれた。

体調が急に悪くなってからは、弘子とお見舞いに行くと、「もうちょっといてくれ。」と帰るのを引き止められた。

亡くなる前日、病室へ行く前の朝に山を見回ると、シカが罠に掛かっていた。

弘子がお父さんに「シカが掛かっていたから、旦那は来るのが遅くなるって。」と告げると、微笑んだそうだ。

不猟が続いたあとに、ようやく獲物が獲れたとき、一番喜んでくれたのはお父さんだった。

お父さんを病院から実家へ連れて帰る頃には、夜が明け始めていた。

「ちょっと山へ行ってきます…。」

こんなときに罠の見回りだなんて、不謹慎と思われるのは覚悟していた。しかしお母さんも弘子も、駆けつけてきた二人のお兄さんも、みんな快く僕を送り出してくれた。

僕は誰とよりも一緒に、お父さんと山に行くことが多かった。地元の山と河には、お父さんと一緒に過ごした時間がたくさん流れている。

お父さんが最後に食べてくれた〝奇跡のイノシシ〟を獲った獣道の前に立ったら、お父さんとの思い出が一気にあふれてきた。堪えられなくて、僕は山の中で大声で泣いた。

山と河に刻まれている

高原町へ移住してきてから、僕は大切な人との別れを経験した。

僕に宮崎の楽しい釣りを教えてくれ、川崎から移住するきっかけを作ってくれたのは髙津くんだ。
　髙津くんは、僕が移住してきた翌年、釣りの際中の落石事故で突然亡くなってしまった。本当は今も髙津くんと、宮崎の川と海と湖を、一緒に釣りまくっているはずだった。
　大形さんがいなければ、僕は狩猟を始めることはなかった。いま僕が職業猟師で毛鉤釣り職人の道を歩いているのは、大形さんとの出会いがあったからだ。
　そしてお父さん。お父さんをもっと喜ばせてあげたかった。もっとたくさん教えて欲しいことがあった。もっともっと色んなことを話したかった。

　三人の思い出は、宮崎の山と河に深く濃く刻まれている。
　お父さんがいなくなっても僕は今までと変わらず、山と河を走り回る。
　僕の狩りはただ獲物を獲るだけじゃない。狩りを通じて、身の周りの自然と自分が繋がっていると感じられることがうれしい。山と河、多くの人に助けてもらって、僕の暮らしは成り立っている。
　僕の獲物にはそれぞれの物語がある。宮崎へ移住して、狩りと釣りの暮らしを始めてから、毎日忘れられない物語がいくつも重なっていく。
　今年の猟期ももうすぐ幕を閉じる。

初めて獲った大イノシシを弘子の実家で焼いた。病気療養中だったお父さんが、おいしいと言って食べてくれた。自分の獲物が人を幸せにすることができるんだと感じた瞬間

COLUMN 05

嫁さんの好きなもの

　8月のはじめの朝、収穫したトウモロコシの外皮を剥いて、お母さんに渡した。
「おお、いっぱいできたね。さっそく茹でておくよ。」
　トウモロコシが大好きなお母さんは、ウキウキですぐに塩茹でしはじめた。
「ちょっと、肝心のエダマメは？」
　ビールのつまみのことしか頭にない弘子が、居間から顔を出した。いたのか。そんなに気になるなら収穫を手伝えと、しぶる弘子を畑に連れ出した。
　畑にはおよそ40株のエダマメを植えていた。本葉が生えそろったときに芽を摘み、脇芽を生やして花をたくさん咲かせておいた。たわわに実るエダマメを見て、急に弘子がやる気を出した。
「これはビールが進むでしょう、どれどれ収穫しますか。」
「ちょっと！抜くなってば！触って中身が詰まってるやつだけちぎってよ。」
　株ごと抜こうとしていた弘子を、あわてて止めた。花はまだ咲くのだ。食べられるものだけ収穫すればまだ豆が実って収穫できる。とりあえず味見しようと、ザル一杯ほどのエダマメを摘み取った。
　エダマメもトウモロコシも、収穫した瞬間から甘みが急速に減っていく。収穫してすぐに茹でれば本来の甘さを楽しめる。こういう時に動きの早い弘子は、面倒くさがらずに実家の台所に行って、エダマメを塩茹でし始めた。さすがに朝っぱらからビールは飲まないようだが、麦茶のつまみにするそうだ。心なしか、弘子がどこまでもおっさん化していくのが気になる。
　夏前までは順調に育っていたメロンは、気がついたら溶けて消えていた。無知とは恐ろしいもので、僕は子ヅルにメロンの実がなるとばかり思っていた。だから子ヅルを大切にして、次々に生えてくる孫ヅルを、ことごとく摘んでしまっていた。
　いつになっても雌花が咲かないのでおかしいと思って調べてみると、孫ヅルに実がなることが分かった。時すでに遅し。
　それでも付け根のふくらんだ雌花がいくつか咲いたので、なんとかなるかと思って受粉させた。あとは実が大きくなれば、ワラを敷いたりすればいいと思っていた。しかし雨が続いたのもよくなかったのだろう。茎が溶けて、あっという間に畑から姿を消した。
「素人が簡単に育てられるんなら、メロンがあんなに高いわけないって。」
　茹で立てのエダマメをうまそうに口に放り込みながら、弘子が言った。

上） 耕耘機で耕して土を作るのが野菜作りの最初の一歩。思うようにまっすぐ動かせないが、何度も往復する
下） 巣箱に探索バチが何匹も飛来して、あわただしく出入りを繰り返していた。僕の巣箱をお気に召してもらえるのだろうか。不安と期待が入り混じる

初めて育てたハクサイが立派に育って収穫を迎えた。ただ嬉しいのひとこと

シイタケのコマ打ち専用のドリル刃で、原木のクヌギに穴をあけていく。大量の原木を手に入れたので、弘子と分担してコマ打ち作業をした。
ドリルの摩擦熱がとれたら、原木の穴に弘子がトンカチでひとつひとつ、シイタケの菌ゴマを打ち込んでいく。一本あたり40個近く打った。
うまく成長すれば、コマを打った周囲から次々とシイタケが生えてくる
→ P.95

シイタケ菌が蔓延したホダ木は木陰で組み伏せ、直射日光が当たらないように管理する。時折、散水して適度な湿度を保ってやれば、発生時期になるとシイタケがホダ木を覆い尽す。じゅんばぁのタレの出汁に使うので、収穫するのはシイタケが完全に開いて巨大化してからだ
→ P.96

こぶし大の種ショウガを植えておよそ半年後、大量の新ショウガが収穫できた。ものすごい勢いで成長したらしい。葉茎を切るとすがすがしいショウガの香りが漂う
→ P.72

育苗トレーに蒔いた野菜のタネが、次々と芽吹き始めた。ホウレンソウ、レタス、チンゲン菜など、育ったときと苗の容姿がまったく異なるのにおどろいた

第 4 章 | 今度は畑を始める

第4章 庭を引き継ぐ

今度は畑を始める

　高原町に移住して5年目の春、僕たち夫婦の新しい生活が始まった。

　今まで住んでいた借家を引き上げ、弘子の実家の敷地内にある別宅へ引っ越した。今までの家は国道沿いにあり、自動車の走行音が大きかった。田舎暮らしの感覚が薄れたこともあった。

　本音は、玄関を開けたら目の前が猟場という山の中に住みたかった。しかし、

「山の中は虫やヒルが多いから住むのは絶対いや！」

　弘子の猛反対にあった。

　高原町の山間部はヤマビルが多く、ちょっと雑草の処理をしているだけで足元からすぐ這い上がってくる。いつでも獲物が狙える環境は、僕にしか魅力的ではないようだ。後にイノシシが実家の周辺にも出没することを知り、僕の願いはかなうことになるのだが。

　新しい住まいは木造の古民家、まさに田舎の建物だ。県道からわき道に入り、農地を進んだ先にある。

　実家の庭には老齢のユズやカキ、サクラが生え、家の前には畑がある。敷地内には使われていない鳥小屋と、鉄筋骨組みの倉庫もある。

　鳥小屋はニワトリや七面鳥はもちろん、

クジャクだって飼育できる大きさだし、倉庫は大ジカや大イノシシを吊るしてもびくともしない。

お父さんは生前に何度も、「家賃がもったいないし、こっちへ引っ越しておいで。」と誘ってくれていた。

もしかしたら僕のために、お父さんがあれこれ準備してくれていたんじゃないか。あまりにも揃いすぎている設備に、僕はそう思わずにいられなかった。

初めての農作業

春は忙しい。猟期が終るのと前後してヤマメ釣りが解禁になる。今年からは畑作業が加わった。

高原町では３月下旬になると霜が降りる心配がほぼないため、春夏野菜の栽培が始まる。多くの野菜が植え付けと種まきの時期を迎える。

タマネギとニンニクは収穫前のラストスパート。これらはお父さんと一緒に植え付けた最後の作物だ。

畑仕事の経験は皆無だが、僕はなぜか自信満々だった。

「お父さんの手がけた最後の作物だ。見事に育ててみせる。」

お父さんが他界してから畑の管理は僕の役目になった。引っ越す前も時間を見つけては畑へ通った。

ヤマメ釣りも解禁となって、いい釣り日和が続いていたが、畑と釣りで時間の取り合いとなった。

しばらく主を失っていた畑は、タマネギとニンニクを除いて、キャベツ、カブ、ダイコンなどが植えられたまま放置されていた。雑草も生えだして、さびしげに感じられた。

僕は収穫時期を過ぎた作物をすべて抜き去り、雑草も全て抜き取った。

「まずは土作りだ。お父さんに手順は教わってるし、何とかなるでしょ。」

プランター栽培なら専用の土を買ってくればいいが、畑は自分で土作りをしなければならない。

僕はガソリンの携行タンクを持って倉庫へ向かった。耕耘機の燃料キャップを開けてタンクにガソリンを注ぎ、コックを開いてエンジンをかけた。

倉庫の片隅で眠っていた耕耘機は、機嫌よくエンジン音を鳴り響かせた。

「動いた。たしかこのギアを入れて…。」

お父さんの作業を手伝った時を思い出しながら、おそるおそるギアを入れると前に進んだ。

畑の手前でギアを低速にし、爪の回転レバーをオンにした。
「一丁前に、様になってるじゃんか。」
様子を見にきた弘子に冷やかされながら、畑を耕した。手伝った時と同じように、少しづつ耕す深さを変えながら、何度も往復した。
慣れない作業に、力で強引に直線を取りつつ、耕耘機を進める。やはり重労働だ。2m幅の畝を耕しただけで、僕は汗まみれになった。
「おー、やっとるねぇ。飲み物置くから、休憩しながらやんなさいよ。」
お母さんが飲み物を用意してくれた。それに比べて弘子は、まっすぐ耕せてないだの、ヘッピリ腰だのと冷やかすばかり。僕もいちいち言い返すので、畑で夫婦漫才でもやっているようだ。

土を作る
お父さんの野菜栽培の本を確認すると、土を耕し終えたら次は石灰を撒いて、土壌のphを整えると書いてあった。
「あれ？ お父さんは堆肥をまいていた気がするけどな。」
タマネギとニンニクを植えた時は、手順が違ったかもしれない。

「オレのやり方はいい加減だからなぁ。まぁ適当でも育つよ。」
お父さんがそう言っていたのを思い出した。まぁ、何とかなるだろう。とりあえず教科書どおりにやってみることにした。
規定量の苦土石灰をばらまいた。すぐに耕耘機で土と混ぜる。1週間ほど落ち着かせ、phを整えた。土が落ち着けば今度は元肥の散布だ。元肥には堆肥を使うのが一般的だ。お父さんは大形さんにお願いして、牛の堆肥を大量に配達してもらっていた。
堆肥の原料は牛糞とおがくずなので、僕はとんでもなく臭いんだろうと思っていた。畑は家の目の前だから、未熟堆肥の臭いはきつい。ところが大形さんの牛舎で作られる堆肥は、完熟されていて臭いがなかった。
再び1週間ほど寝かせて土壌の仕上げに入った。毎日、一、二畝ずつ、仕事の合間を見つけて畑を耕した。
キャベツ、ハクサイ、チンゲン菜など葉物野菜や、トウガラシのように根を浅く張る作物はこの状態で植えていい。
ナス、ダイコン、ジャガイモ、ショウガなど、地中に深く根を張るものは、

さらにクワで溝を掘り、堆肥を追加してやる。作物によって元肥の施し方が異なることを初めて知った。

　育てる作物の予定を練りながら、お父さんが作業小屋に書き残してくれたメモを参考に元肥を施した。空いている場所を耕し終えるころには、最初に耕した土壌が落ち着いた。

　いよいよ最終段階だ。耕した土をかまぼこ状に盛り上げて、畝を作っていく。周辺よりも高さを出して、排水性を高め大雨でも根が水浸しになるのを防ぐためだ。クワとトンボを使いながら、手作業で畝を立てていった。

　表土がむき出しの畝は雨で崩れやすい上に、雑草が容赦なく芽吹く。雑草の処理はとにかく大変だ。そこでマルチという農業用のポリシートで畝を覆い、崩れを止めて地温を上げ、野菜が育ちやすい環境を整える。

　マルチにもいくつか種類があって、地温を上げる透明タイプや、地温上昇を抑える白色、アブラムシ等の害虫を寄せにくい銀色などがある。よく使うのが黒色で、地温を上げつつ光を遮断して雑草を抑制する特徴がある。

　秋から春にかけては地温を保つために黒色を使い、夏場は蒸れてしまわぬように白や銀色のマルチを使う。

　マルチは被せただけだと風でめくれあがる。専用の止め具も売っているが畝の両脇に溝を掘りマルチの裾を埋めた。

　あとは作物ごとに合わせて、苗を植え付ける穴を等間隔で開けていく。

　最初から穴の開いた市販品もあるが、直径10cmほどの塩ビパイプの先端を斜めに切ったものでマルチを突いてやった。釣りをしていた時に農家の方のやり方を見ていたので真似をした。なにげない田舎の風景の観察が役に立った。

　ようやく準備が終わったが、作物を育てる基盤を整えるまでで、ここまでの手間ひまがかかるとは考えていなかった。

　もしかして畑は、魚を釣ったり、狩りで獣を獲るよりもたいへんじゃないか。これからは野菜の値段が高いなんて言えない。

　温暖な南宮崎では、3月中頃にはホームセンターに夏野菜の苗が並ぶ。ナスにトマト、ピーマン、シシトウ、トウガラシ、キュウリ。春植えの種ジャガイモも多くの種類が並んでいる。

　家族からのリクエストで、夏野菜の苗数種類とジャガイモの種芋を買って

あった。

　初めての野菜作りだが、何とかなるだろうと僕は気楽に考えていた。

　マルチに開けた穴にジョウロでたっぷりと水を流し込み、水が引いたところで苗をていねいに植えつけた。

「収穫できたら、自家製夏野菜で天ぷら三昧だ。楽しみだなぁ。」

　僕は無農薬栽培に挑戦するつもりだった。反射テープを張り巡らしたり、防虫ネットで覆ったりと、虫除けの作業はこれからだ。

　毛鉤を巻いて生計を立てていたのに、気がつけば山と河でお肉と魚を調達し、今度は野菜まで育てるようになった。コメを育てれば食料自給率が100％だ。ちゃんと実ればの話だけれど。

キノコをつくろう

　気がつけばサクラが咲く季節になっていた。畑の周辺を片付けていたら、シイタケのホダ木（種菌をつける原木）の山を見つけた。毎年シイタケを発生するホダ木のほとんどが、ボロボロになっていた。いけない。畑に夢中でシイタケの種ゴマ打ち（菌の植え付け）をすっかり忘れていた。

「これならカブトムシの幼虫が…。やっぱりいた。」

　朽木を割ると、カブトムシ、ノコギリクワガタ、ヒラタクワガタの幼虫も出てきた。弘子にお宝の山を見つけたと報告したら、笑いごとじゃないと怒られた。カブトムシ養殖でもして、ちょっくら儲けてやろうと思ったのだが。

　我が家では自家栽培のシイタケはなくてはならないものだ。弘子のお母さんは「じゅんばぁのタレ」という調味料を作って販売している。九州の甘口醤油をベースに、カツオやシイタケなどで出汁をとった万能調味料だ。

　安心できる素材をという思いで国産素材を使っているが、国産の乾燥シイタケはしばしば値段が高騰する。大量に使うのでコスト削減も兼ねて、畑の横の木陰で自家栽培していた。

　じゅんばぁのタレは煮物やつゆもの、牛丼の具などの味つけがこれ一本でできてしまう便利さが受けて、地元で人気だ。高原町のふるさと納税返礼品にも採用されていて、全国各地から注文が入ってくる。シイタケが採れないと死活問題に関わる。カブトムシどころの話じゃない。

「冬になるとお父さんがコマ打ちしてくれたんだけど、入院してできなかったからねぇ。今年はどうしようかしら。」

弘子のお母さんも頭を抱えていた。何本かのホダ木からは自然に春シイタケが発生していた。当面使う分は確保できそうだが、新しくホダ木を補充しなければいずれ収穫が途絶える。

そういえば、お父さんがドリルで原木にコマ打ち用の穴を開け、トンカチで種ゴマを打ち込んでいたと思い出した。たしか遅くとも12月くらいには種ゴマを打ち込んでいたはずだ。

「まいったなぁ、シイタケの育て方は教わってないぞ。」

インターネットで調べてみると、コマ打ちの時季にはギリギリ間に合いそうだった。ホームセンターを何店か回ってシイタケ栽培用の原木を探したが売り切れ。最後の店には売れ残ったナメコとヒラタケの種ゴマが置いてあるだけだった。

ダメもとで店員さんに聞いてみた。

「10本単位なら取り寄せられますよ。」

もちろんお願いした。シイタケの種ゴマも一緒に注文した。

シイタケ栽培なんてやったことない。

コマ打ちもギリギリのタイミングで難易度は高そうだ。でもやるだけやってみよう。

1週間後、原木が届いた。シイタケの栽培に使うコナラのほかに、3本ほどサクラの原木も注文していた。こちらはヒラタケの栽培用だ。キノコの種類によって適した樹種が異なっていて、原木を使い分ける必要があるそうだ。

果たしてシイタケを無事に発生させられるのか。

弘子と一緒にコマ打ちに取りかかった。コマ打ち専用のドリル刃を使い、原木へ等間隔で穴を開ける。原木には膨れていたり曲がっていたりするものもある。太さも均一ではない。寸法どおりとはいかないが、できるだけ等間隔で穴を開けていった。

種ゴマの箱を開いて説明書を読むと、通常は直径10cm・長さ1mの原木に対し、およそ30個の種ゴマを打ち込むとあった。穴の間隔を狭くして駒数を打ち込めば、よりシイタケ菌が繁殖しやすいらしい。今回はコマ打ちが遅くなってシイタケ菌が原木に蔓延する時間が少ない。そこで穴を増やして種ゴマを多く打ち込むことにした。

種ゴマは耳栓のような形に整形した木材に、シイタケ菌を浸透させたものだ。ビニールの袋にパッケージされていて、白い菌糸がビッシリと育っていた。この耳栓をトンカチで叩いて、原木の穴に埋め込んでいく。
「菌糸がシイタケのもとなんでしょ。もったいないから菌糸ごと穴に詰めてコマ打っていくね。」
　僕がドリルで原木に穴を開け、そこに弘子がコマを打った。後で知ったのだが、菌糸は破棄したほうがいいらしい。青カビなどの発生原因になりやすいので、あらかじめきれいに落としてから打ち込むそうだ。そんなことは説明書に書いてなかった。少しでも菌糸が多けりゃ、シイタケもグングン成長してくれるだろうと強気だった。ヒラタケの種ゴマもサクラの原木にがっちり打ち込んだ。
「シイタケなら分かるけど、ヒラタケなんてできるもんなの。」
　どうも弘子はヒラタケに半信半疑のようだ。できたらできたで真っ先に食うくせに。悔しいから、なんとしてでもヒラタケを発生させなくてはと、シイタケよりも気合が入った。
　種ゴマを打ち込んだホダ木は、仮伏せといって3段ほどに積み上げてビニールシートで覆い、適温適湿を保ってシイタケ菌の活着を促す。
　今回は仮伏せは省略し、いきなり本伏せにした。暖かくなるとシイタケ菌以外のキノコ類やカビ類が活発になる。この時期に仮伏せを行うと、必ず失敗するのだという。
　ホダ木を畑の脇に運び、井の字型に積み上げた。直射日光は大敵らしいので、古くなったヨシズで積み上げたホダ木を包んだ。これなら雨にも当たるし、ほどよい湿度が保てるだろう。あとは秋まで定期的に散水し、ホダ木の位置を入れ替える。
　キノコを育てるのも、思った以上に大変だなあ。

ハチミツを採りたい
　農作業とほぼ同時に、もう一つ新しい挑戦を始めた。養蜂だ。これもお父さんがやっていた。庭のあちこちに放置されたままの、お父さんの古くなった手作りのミツバチの巣箱を整理していたら、むくむくと興味がわいてきた。
　春、庭に咲いた花にミツバチがやってきたのを見て、これはチャンスだと思った。

分蜂といって、増えたハチの群れは４月頃から分裂し、新しい住処を探す。この分裂した群れを設置した巣箱にうまく住まわせられれば、夏から秋にかけてハチミツを採れる。ニホンミツバチのハチミツは、とても希少だ。

　昨年お父さんは見事にミツバチを誘引し、自分の巣箱に営巣させることに成功していた。けれど秋にスズメバチに襲われ、ミツバチの群れを全滅させられてしまった。

「敵討ちじゃないけど、僕がかわりにリベンジするぞ。」

　幸いなことに、猟師には養蜂もやっている人が多くいる。先輩猟師でカモの舟撃ちを教えてくれた鬼塚さんや、大師匠の乙守さんは養蜂にも長けていたので、色々とアドバイスをいただいた。

　設置する巣箱は木の香りが漂う新しいものではなく、以前に群れが営巣したことのある中古物件がいいらしい。実績があるとミツバチも安心するようだ。

「セイヨウミツバチのミツロウじゃ入らんから、余ってるニホンミツバチのミツロウあげるよ。」

　ミツロウを巣箱に塗っておくと、よりハチが入りやすくなる。いただいたミツロウに熱を加えて溶かすと、ハチミツの甘い香りが漂った。溶かしたミツロウを巣箱の内壁と天井、入り口の両面にまんべんなく塗った。

　巣箱の周囲がハチミツの匂いで包まれた。本当にミツバチが巣を作っているかのようだ。

「ミツバチランっていって、ハチを強く誘引するランがあるんだ。ちょっと高いけど効果があるからあると便利だよ。」

　分蜂した群れを誘引する花を咲かせるランがあるという。キンリョウヘンというシンビジウムの原種ということだ。

　インターネットで調べると、キンリョウヘンに誘引されて、花に群がるハチの塊などが紹介されている。これは買うしかない。ハチ素人には必需品だ。

　4000円もして勇気のいる買い物だが、動画を見ていると確実に誘引できそうな印象だ。

　注文の翌日にキンリョウヘンが到着した。今にも花を咲かせそうな、ふっくらとしたつぼみがついている。キンリョウヘンは受粉して花が終わると誘引力がなくなるから、目の細かいネットで花房を覆い、受粉を防いで花を長持ちさせる。

液肥を混ぜた水をたっぷりとやり、巣箱の横に設置して開花を待った。

ランと水草

お父さんが入院していた冬の間、シンビジウムの管理を任されていた。暖かくなる日中は小屋から出して陽に当て、夕方になったら小屋に戻し、毛布で作ったカーテンで防寒する。

面倒を見たかいがあってか、30鉢近くあるシンビジウムたちは、3月中旬頃から一斉に花を咲かせ始めた。

作業小屋の壁に、マジックで書かれたメモを見つけた。お父さんの字だった。

「シンビジウム　花終りから9月まで1週間ごとに1000倍液肥　2ヵ月ごとに置肥　7月から遮光30％で、9月中頃にネット撤去」

まるで僕がちゃんと分かるように書き残されたかのようなメッセージ。メモ書きがある壁の棚には、ランの育て方の本が置いてあった。ランの開花のピークの頃、お父さんの四九日を迎えた。

「これは、シンビジウムも後は任せたってことだな。植物を育てるのはもともと好きなんだし、やってみよう。」

僕は川崎に住んでいた頃に、熱帯魚の飼育に少々凝っていた。

グッピーやエンゼルフィッシュの定番種から、シルバーアロワナやレッドテールキャットといった肉食の大型魚、バタフライフィッシュやテッポウウオ、デンキナマズなどの変り種も育てていた。小づかいを貯めて水槽を充実させ、グッピーを繁殖させて熱帯魚店へ売っていた。

大学を卒業してからは、設備投資の必要な海水魚やサンゴの飼育に夢中になった。自室にブルーライトを使っておしゃれな空間を演出し、120cm水槽の横にバーカウンターを自作した。

当時はバーテンダーのアルバイトをやっていて妙に色気づいていた。下心丸出し。この頃の僕の私生活を弘子に話していないのは言うまでもない。

一番好きだったのは、水草を主役にした水草水槽だった。シダやコケ系の水草が好きで、ミクロソリウム、ウィローモス、アヌビアス類といった水草を中心にレイアウトを組んだ。

流木へドリルで穴を開けてミクロソリウムやアヌビアスを植え込み、流木全体にウィローモスを活着させる手法が得意だった。

シンビジウムの土を入れ替えようとして、ふと感じた。
「ランの根ってアヌビアスみたいだな。」
　一部のランは樹木の上に根を張って自生しているそうだ。たしかに宮崎市内の街路樹には、様々なランが活着している。気候的にも育つ条件は整っているのだ。
「植物は下手にいじらないで、本来の環境で放置した方が、意外と立派に育つんだよな。」
　狩りで山に出入りするようになってから、自宅の庭も野生的な雰囲気にできたらいいなぁ、と思っていた。
　シンビジウムの土の入れ替えはとても面倒なので、樹木に活着させた方が楽だということもある。
「お父さんもね、おじいちゃんが大事にしてたからって、未経験なのに受け継いで育てたんだよ。」
　お母さんが教えてくれた。どうやらシンビジウムの栽培は、我が家の伝統のようだ。おじいちゃんが大切にしていたランを受け継ごうというお父さんからの流れを、今度は僕が受け継ごうと思った。
　お父さんと山に行った時、野生のランを見つけた。

「あれはセッコクだね。うちのカキの木にも生えてるよ。」
　まだ半年もたっていない日の会話なのに、すごくなつかしく思えた。
「早く教わっておけばよかったな。いつも後から気づいて、結局後悔してる。」
　見上げるカキの木には、青々とセッコクが茂っていた。セッコクの少し下の樹皮に、鉢から抜いて根を整えたシンビジウムを縛りつけた。
　樹木の陰へ他のシンビジウムも植えていった。涼しくて陽ざしが柔らかいところを選んで、直接地面にも植えていった。
　うまく育てば来年も実家の庭に、おじいちゃんとお父さんと、そして僕のランの花が咲いてくれるだろう。

第4章　今度は畑を始める

「獲物は山ん神様かいもろた、ありがたい授かりもんやっちゃいよ。」(獲物は山の神様からのありがたい授かりものなんだよ。) ふだんは柔和な先輩猟師の和田さんは、獲物を解体する時は真剣な眼差しになる。素早く確実な包丁さばきで無駄が出ないようにていねいに肉をとっていく

ミツバチの巣箱は、ハチが来る前でも掃除を欠かさない。クモやガ、ダンゴムシなどが巣箱の中にいると、ミツバチが嫌って入らない

第4章 ― 今度は畑を始める

失敗、また失敗

　キンリョウヘンのつぼみは開花にむけて順調に育っていた。分蜂シーズンの間に開花するのは間違いない。庭に咲いている野草ではミツバチがせっせと蜜を集めていた。
「ミツバチがいるってことは、近くに巣があるってことだ。」
　新居の庭を歩くだけで、季節の移り変わりが感じとれる。作物や樹木、植物、昆虫、鳥など、ちょっとした季節の変化がよく分かる。
　暖かくなるに従い、畑作業がどんどん忙しくなった。ナス、トウガラシ、ピーマンが順調に育ち、レタス、チンゲン菜、長ネギの種が芽吹き始めた。
「1年目から収穫期待できそうだぞ。」
　僕は甘かった。
「もうナス植えたと？　まだ霜おりっぞ。なにか被せるなりしたほうがいいよ。」
　回覧板を持って来た、お隣の昌美おっちゃんが心配してくれた。昌美おっちゃんはプロの農家さんで、何枚もの田んぼと畑でコメと野菜を育てている。僕の畑は昌美おっちゃんの畑に隣接しているので、色々とアドバイスをもらっていた。
　天気予報は肌寒くなると報じていた。でも最低気温予報が3度だから霜の心配

はないだろうと勝手に思いこんでいた。
「零度を切らなきゃ凍らないでしょ。野菜には寒いだろうけど、全然大丈夫。」

夏野菜、全滅

無知は恐ろしい。

翌朝、畑の様子を見に畑へ出た僕は、がく然とした。ジャガイモとナスの葉が黒っぽく変色してしなびていたのだ。なにが起きたのかをすぐに理解できなかったが、あたり一面、朝日を浴びてキラキラと光っている畑を見て悟った。

「霜が降りてる…。昌美おっちゃんの言ったとおりだ。」

天気予報の気温は、地表から1.5mほどの高さで測るらしい。予報が4度くらいなら標高の高い高原町では、余裕で霜が降りる条件だというのだ。そんなこととはつゆ知らず、なんの対策もしていなかった。

夏野菜はほぼ全滅、ジャガイモも植えなおしかと思った。昌美おっちゃんが畑に見あたらなかったので、クレー射撃仲間の山村さんに電話して相談した。

「んー。新芽が出ることもあるから、少し様子見てみたら？　生育は遅れるけど、復活することもあるよ。ジャガイモはたぶん大丈夫、強かよ。」

山村さんもバリバリの農家さんで、地元高原町でフライフィッシングを楽しんでいる数少ない釣り人だ。

「まだ霜がくる可能性はあるから、夏野菜の植え付けは５月ごろだねぇ。透明ビニールでトンネル作って保温するか、霜が降りそうな時は、なんでもいいから囲いするとかしないと。苗の売り出しが早いから、育つだろうって勘違いしちゃうんだよねぇ。」

霜にやられてから数日たっても、ナスの新芽は出てこなかった。トウガラシも枯れ落ちた。ジャガイモは山村さんの予想どおりに持ち直し、次々と新芽が芽吹き始めた。大丈夫そうだ。

トマト、ナス、キュウリなどの夏野菜はまちがいなく全滅だ。なんとか育ちそうなレタスやチンゲン菜の葉物野菜をがんばることにした。

ただ夏野菜の苗でも、不思議なことにピーマンだけはスクスクと育っていた。どうなっているんだ。

ついにハチが

葉物野菜の本葉がそろい始めた頃、キンリョウヘンが開花した。

いよいよミツバチが飛来してくるに違いない。そう期待したのだが、なかなかハチの姿を見かけない。花は房の根元から咲き始める。ある程度まで咲きそろわないとダメなのかもしれない。

　ようやく満開になって数日後、ついにその時が訪れた。

　朝方、巣箱にはハチを確認できなかった。昼ごろ、トウモロコシの苗を育てる準備をしていた時に〝ブーン〟という羽音が聞こえた。

　それも何匹もの虫が飛び交うように、あちこちから聞こえてきた。

「ハチが来たか！」

　急いで巣箱を見に行くと、そこには数十匹のミツバチが飛び交っていた。分蜂にともなう、探索バチの群れがやってきたのだ。

　ミツバチは分蜂が近づくと、新しい営巣場所を探し回る。この役割を担ったハチは探索バチと呼ばれ、いくつかの候補の中から最適な場所を選ぶ。

　そこを気に入って新しい営巣場所に決めると、一度本隊へ戻り、大群を誘導して帰ってくるらしい。

「これは来る！　絶対入る！」

　キンリョウヘンの威力にも驚きつつ、自分が手入れをした巣箱へ本当にハチが来たことに興奮した。

　ネットで覆ったキンリョウヘンの花房にも、無数のハチが群がり始めた。巣箱の出入り口では、探索バチがせわしなく出入りを繰り返している。僕の巣箱を気に入ってもらえるだろうか。

「すごい数のハチが来てるよ。」

　弘子とお母さんを呼んできた。

　次々に飛んでくるミツバチに、僕たちは大いに盛り上がった。少し離れた場所で三人並んでハチの行動に見入った。

「お父さんもイスに座って、ずっとハチを見ていたっけ。」

　お母さんが懐かしそうに言った。

　日没が近づくとハチの姿が減り始め、さきほどまでの賑わいが嘘のように静まり返った。もしかしたら明日、分蜂があるのかもしれない。

　あれだけの群れが来ていたのだから、必ず営巣してくれるに違いない。

ああ浪人

　翌日、天気に嫌われた。

　朝から雨だった。分蜂にともなう群れの移動は、晴れた無風の日に起きる。せっかく探索バチがたくさん飛来したのに、

雨ではどうしようもない。しかも予報では3日間も雨続きということだ。畑にはありがたいが、ハチには辛い。複雑な気分だ。

騒いでも仕方がない。なにしろ畑仕事に養蜂、ランの栽培、ヤマメ釣りと、春からの新生活が楽しすぎて、新居に引っ越してきてから、仕事場以外はまだ荷ほどきすらしていない状況だった。

4日後、久しぶりの晴れ空になった。いつもなら渓流へヤマメ釣りに行きたいところだが、この日は農作業に没頭した。巣箱を気にしながら苗床を手入れしたり、畝に生えた雑草を抜いたりした。

ところがいつになってもハチの姿が見られない。ほかにいい物件があり、そちらに営巣したのだろうか。それとも分蜂したものの、あいにくの天候で移動できず、群れが壊滅してしまったのだろうか。

結局、その日はハチの飛来はなかった。翌日もその翌日も、巣箱は静かなままだった。

どうやらフラれてしまったようだ。
「別の群れに期待するしかないか…。」

そのままハチが再び来ることはなく、分蜂時期は終った。ハチ浪人決定である。

最初からうまくいくとは思ってはいなかったが（本当はうまくいくと思っていた）、あそこまで群れがやってきて入らなかっただけに、とても悔しい。

「2月くらいから準備しとかにゃな。始めるのがちょっと遅かったね。来年、ウチの巣が分かれたら一群れやるわ。」

意気消沈していた僕を、乙守さんが慰めてくれた。乙守さんは養蜂でも大先輩なのである。

養蜂はどことなく、わな猟に似ている気がする。ハチが好む条件が揃った場所を見立てて手入れした巣箱を仕掛け、飛来を待つ。

「ハチミツがたくさん採れれば商売になるかも。ニホンミツバチのハチミツは目が飛びでるほど高いからさ。」

だったらみんな養蜂やるよと、弘子がすかさず突っ込んできた。

COLUMN 06

カモ猟は職業猟師の屋台骨

　カモの銃猟では、オスとメスを獲り分けることができる。マガモはオスの方が太っており、メスはすこしスリムだ。脂ののりもフライマテリアル用の羽の人気も、オスが格段に上だ。だからマガモ猟ではほぼオスを狙う。

　国内産のマガモはフライマテリアルとして最高級品だ。職業猟師で毛鉤釣り職人の僕にとっては、カモを多く獲ることが収入に直結する。羽質の良いカモをたくさん捕獲しなければ、猟期終了後に食いっぱぐれてしまう。

　近年のように暖冬だと、カモの飛来数が少ない。猟場を休ませながら、あちこちの猟場を走り回る。

　暖冬は羽が上質でも、肉の脂のりは悪い個体が多くなる。脂が少なければ、毛鉤用のコンプリート（仮剝製）を製作する際、皮を剝離する作業がスムーズだ。

　脂の除去は加減が難しい。ちょっと油断すると皮を破ってしまう。脂はどうしても皮に残りやすいので、一羽丸ごとの加工は骨が折れる。

　剝離した羽根つきの皮を洗濯して、脂肪を落とす方法もある。だが本来の羽根の油分やツヤ、張りなどは失われる。できるだけ本来の含脂率が高い状態を保って商品化したい。目のきびしいお客さんも喜んでくれる。

　カモはたいへん美味しい。脂ののったカモはコンプリートにはしない。脂がもったいない。天然のカモの極上の脂を堪能できるのは、猟師ならではの特権だ。

　カルガモやヒドリガモも、毛鉤職人の僕にとって大切な収入源だ。銃猟では1日のカモ類の捕獲数が合計5羽までと定められている。捕獲定数に達すると引き上げなければならない。飛来数が少ないなら猟場を多く回って、なんとか頭数を稼ぐ。

　我が家には鳥猟が解禁になると、絶対に守らなければならないルールがある。それは「手ぶらで家に入ることは許されない」というものだ。悪天など致し方ない理由を除き、必ず何かしらの獲物をぶら下げて家に帰らないといけない。

　ネタと思われるけれど、弘子は本当に玄関を開けてくれない。カモがいないならカラスを追いかけ、それでもだめな日は、ヒヨドリやキジバトを撃つ。どれも国産のフライマテリアルとしては市販されていないから、僕だけの独自の商品になる。好きなことを仕事にして自由気ままにやっている僕に、妻に逆らう余地はない。

　二、三度ほど追い返されたことはあるが、軽トラの中で寝泊りする事態は、今のところ避けられている。

上） アオクビ（マガモのオス）を撃ちとった。まず羽の状態を確認する。狙い通りに上質な羽だと思わず笑みがこぼれる

左） その日、カモキャッチャーも長靴も忘れた。しかし撃ち落したカモをなんとしても回収するべく、冬の池へ入水。冷たい水に腰まで浸かって回収

下） 果樹園に被害をもたらすヒヨドリは、待ち伏せてエアライフルで狙撃。10分もすれば再びやってくるので、枝にとまったところをまた狙撃

第5章 新しい猟師のかたち

不猟に苦しむ

第5章 — 新しい猟師のかたち

僕は獣道の判別に自信を持ち始めていた。

「狩猟は経験がものをいう。失敗して工夫して、みんなうまくなるんよ。」

乙守さんの言葉を思い出しながら、獣道をじっと観察する。

地面は草が生えておらず、土がむき出しになっている。獣がよく通る道なのは明白だが、表土が硬いために足跡は一見残っていないように思える。

しかし不思議なもので、ぼーっと獣道を見ていると、うっすらと獣の足跡が浮かんでくる。さらにひとつひとつの足跡を比べると、微妙に大きさが違っている。

「なるほど、この道はイノシシだけが通っているようだ。60～70kgクラスが3頭いるな。2頭の足跡は古いけど、頻繁に通っているやつが1頭いる。」

ヘンタイの世界

狩りを始めてから今までずっと、先輩と僕が獲ったイノシシの蹄(ひづめ)は写真にすべて収め、重量を明記して保管してある。

それらをたびたび見直すことで、足跡からおおよその大きさを割り出せるようになった。

狩猟を始めた頃は、足跡で相手の大

きさが分かる猟師はヘンタイだと本気で思っていた。まして足跡の崩れ方や、湿り方、落ち葉や小枝の状態を見て、通った時期までも判別するなどは、次元が違う。けれど僕は今、その強烈なヘンタイの世界に足を踏み入れていた。

好調のわな猟とは裏腹に、鳥猟は出だしから不調だった。マガモの飛来数が少なく、猟場をのぞいてもお留守状態が多かった。ようやく見つけても、羽が地味なカルガモばかりだ。コガモやヒドリガモも、色あざやかな冬の羽に生え変わりの途中だったりと、撃つに撃てない状況が続いた。

身体の小さいカルガモは、フライマテリアルに使える羽も少ない。稼ぎ頭のマガモをほとんど獲れず、僕は焦っていた。

狩りの獲物は、我が家の大切な毎日の食料でもある。僕はカルガモがカモの中でいちばん美味しいと思うが、カルガモの旨味はクセが強いようで、僕以外にはマガモのほうが人気だ。

狩猟を始めてから、家族の舌がぜいたくになった。オスジカを獲って帰ると、弘子のダメだしが容赦なく飛んでくる。
「メスのが柔らかいのに。メス獲ってよ。」
　毛鉤の材料で考えても、オスよりメスジカの毛の方が柔らかいから、僕だってできればメスジカを狙いたい。

獣道に残された足跡から、シカのオスとメスを見分けて、罠を仕掛けることはできる。だがそれはオスがハーレムを形成している時期だけで、群れがバラバラになり別行動するようになると、オスとメスの獲り分けはかなり難しい。

いつでも狙った通りに獲れたら苦労なんてしない。

カモがない

とうとうカモの羽の在庫がなくなった。まだ猟期が終わって3ヶ月もたっていない。昨年より売れ行きがよかったのもあるが、暖冬の影響で飛来数が少なく、不覚にもシーズン全体での捕獲数が、昨季をはるかに下回った。
「マガモのCDCを予約できますか？」
　お客さんから工房に問い合わせの電話があった。人づてに聞いて僕のフライマテリアル工房のホームページを見たが、カモ類の商品が在庫切れになっている、来季のマガモの予約をしたい、とのことだった。
「申し訳ないですが、予約は受け付けていないんです。狩猟から加工、発送も

事務も一人でやっていて予約管理まで手が回らないんです。それに猟期にならないと見通しが全くたたないもので。」

せっかくお客さんが希望してくれても対応しきれない。あいかわらず何とか食べていける程度しか稼げていないので、人を雇って業務を広げる余裕もない。

知り合いの猟師さんに頼んで、獲ったカモを譲ってもらうことはできる。でも毛鉤用の羽質にこだわった、細かい制約のある捕獲を受け入れてもらえるとは考えにくい。

やはり羽を見る目がキラキラと輝くフライフィッシャーでなければ、フライマテリアル用の狩猟は無理だろう。

シカもない

カモ類に次ぐ人気商品である宮崎県産のキュウシュウシカの毛も、暖冬のために大打撃を受けていた。

今季は冷え込むのが遅く、罠にかかるシカの毛並みが不ぞろいだった。猟期の始まりに毛並みの良いシカが少し獲れたが、まだ気温が高くて加工時にカビが生えてしまった。

とてもじゃないが商品にはならず破棄するしかなかった。結局それから毛並みの状態がいいシカは、1頭もかからなかった。

そういう時に、HIRANOTSURIGUの平野さんから電話がかかってくる。

「シカの毛ありますか？　全部売れちゃいました。」

平野さんには昨年キュウシュウシカの毛を大量に買っていただいた。それも全部売切れてしまったということだ。リピーターの方が多くて、ほとんどの方がまとめ買いしてくださるそうだ。

シカの毛はフライマテリアルとしては消費が多いほうだ。フライフィッシングのハイシーズンを前に、追加でもっと欲しいと、お客さんからのリクエストが入っているらしい。

「ごめんなさい、今季は1枚もできませんでした。去年の分が少しだけ残っています。」

ふつうの商売なら、取引先からたんまり怒られて当然だ。けれど商品ができるまでの一連の流れを知っている平野さんは、自然相手の厳しさに理解を示してくれる。

商品がなければ平野さんにとっても商売の機会が減るのに、文句を言わずに応援してくれる。

「今季はカモが不猟、シカは壊滅的。これからを考えると恐ろしいですよ。」

とにかく狩りの獲物がないのだから、フライマテリアルを作る仕事は八方ふさがりだ。次の猟期まで半年間、手持ちの在庫で僕が完成毛鉤を作って販売し、家計をやりくりするしかない。

鳥を自家飼養する

こういう事態になることは予測していたので、打開策も考えている。

将来的にフライマテリアルは、狩りで獲ったワイルド・マテリアルだけではなく、毛鉤用の品質にこだわって自分で育てた、養殖のファーミング・マテリアルも使えるようにしたいと、ずっと以前から計画を練っていた。

卵と肉のほかに、副産物としてフライマテリアル用の羽を得られる鳥は多い。ニワトリ、キジ、ホロホロ鳥、七面鳥、アイガモなどが代表的だ。これらを自家飼養すれば、1羽1羽を大切に育てられる。食味もいいし、よく釣れるマテリアルとして昔から毛鉤に使われている鳥たちだ。

弘子の実家の敷地内の小屋を改良して鳥を飼養する計画は、しかし頓挫したままになっている。痛んだ建物を補修して網やトタンを張替え、塗装もしなおさなければならない。

毎日やることが多くて、資金もなくて、鳥小屋まで手が回らないのだ。

「新鮮な生みたて卵、いいなあ。お肉は自家消費して羽も収入源になるんだったら、頑張ってみてよ。」

弘子は僕の飼養計画には賛成してくれている。お父さんも以前ニワトリを飼育していた。不猟の時の保険としても挑戦して損はないはずだ。

鳥が勝手に飛んでいったり逃げたりしなように管理すれば、畑に放して害虫駆除にも役だってくれるはずだ。フンは立派な肥料になる。

北九州でニワトリやキジ科の鳥を養殖されている農場の方に相談した。突然の電話にもかかわらず、親身になって話を聞いてくれた。僕が育てたい品種の鳥のヒナも扱っているそうだ。

「初心者でも飼養しやすい品種です。繁殖させるには多少技術は必要ですが、管理さえできれば難しくありませんよ。」

まずは飼養設備を整えましょうとアドバイスいただいた。

「ヒナは安定供給できるので急がなく

ても大丈夫です。メールで鳥小屋の写真を送りますから参考にしてください。」

すぐにでもヒナを注文しそうな勢いの僕に、飼養環境を整えることから始めた方がいいですよ、と指導してくれた。

「採卵の時期が決まっている品種もありますから、焦る気持ちも分かりますが、時期が近づいたらご連絡します。来年になってもかまいませんよ。」

農場の方の親切に心うたれた。時間はかかっても、飼育環境をきちんと整備してから取り組もうと決めた。

ジビエブームと職業猟師

職業猟師なら、獲物の肉を販売するのが一般的だろうが、それには野生鳥獣専用の加工施設が必要だ。

法令で定められた基準をクリアした設備には、平均200万円ほどの費用がかかる。業務用の冷蔵庫や冷凍庫などの大型設備もいる。資金がない僕にはとうてい手が出せない。

費用回収を考えると初年度からかなりの量の肉を売りさばかねばならない。

近年はジビエブームで、シカやイノシシの肉を使った料理を提供する飲食店が増えた。

野生鳥獣の肉への需要が増えている中、チャンスとばかりに精肉販売を始めた狩猟者や団体は多い。だが〝おいしい〟より〝商売になる〟点を押し出すような雰囲気が、僕にはしっくりこない。

たしかに獲物の肉を販売すれば現金収入になる。でも僕は今のブームに乗るつもりはない。我が家では野生の鳥獣は普段から食卓に上がる、おいしいお肉だ。

そもそも僕は山の恵みに〝ジビエ〟という言葉を使いたくない。

山の中で対峙した獲物の命が、カタカナになると、ただの食材になる。最近は狩猟自体が、ファッション化されて世の中に出回っているイメージだ。

ジビエとして取り上げられる肉が、シカとイノシシがほとんどという点も疑問だ。カモ、キジ、アナグマ、ノウサギなど、おいしい鳥獣は他にも多い。

シカやイノシシばかりに注目が集まるのは、食材として扱いやすいという理由だけではないだろう。

ここ数年、狩猟者を増やそうと国や行政の主導で、若い層へ向けての取り組みが行われている。その本心は、猟師ではなく駆除者を増やしたいのだと、僕は強く感じている。

おしゃれなブームが去ったら、波に乗せられて狩猟を始めた方々はどうするのだろう。

山の恵みのおいしさを広めたい

僕は山からいただいてきた獲物の命から得られる羽や毛の副産物を、毛鉤の素材に加工、販売して生活している。

獲物のお肉は自家消費がほとんどだ。お世話になっている方や本当に仲のいい人たちだけに、お福分けする。食材という面でしか山の恵みを見られない人には、絶対に肉を分けない、かた苦しくてケチな猟師だ。

命をいただく以上、獲物の恵みはできるだけ無駄なくいただくのが、僕の中での礼儀だ。カモなら空気銃で頭部を狙撃し、肉も羽も最高の状態で射獲する。

散弾銃で撃ち落す方がはるかに効率的で、捕獲数も稼げるが、そこは毛鉤釣り職人で職業猟師である僕がこだわりたいところだ。

僕もいつかは、処理設備を建てて精肉販売をやりたいと思っている。それは収入源のひとつとしてだが、なによりも僕は〈野生肉＝臭みとクセがある〉といううイメージを払拭したい。

僕が捕獲して適切に処理した天然肉は、最高の品質だという自信がある。臭みもクセもなく、塩コショウで焼いただけで十分に美味い。

地元の方からも、僕が獲ってさばいたシカ肉は格別だと好評だ。いいかげんに解体処理された肉は臭みが強く、ソースを使わないと食べられないものだ。

僕が捕獲した獲物の肉を販売するなら、大々的には絶対に行わない。地産地消、山の恵みの命をいただいているんだよと分かってくれる方だけに販売する。

いくらお金になるとはいえ、なりふりかまわずに販売すれば、山の恵みはただの商品でしかなくなってしまう。

現代では食材がどういうプロセスで食卓に上がるのかが見えづらい。どんなお肉も、もともとは命であることだけは忘れてはいけない。

山の恵みは本当においしい。厳しい環境で育った鳥獣を食べると、体の底から力が湧き上がってくる。自然への感謝の気持ちを思いだす。

初めての収穫

畑ではニンニクが順調に育っていた。

お父さんと一緒に植えつけた作物はこれが最後だ。僕が育てた野菜で初収穫できそうなのが、チンゲン菜。こちらも予想以上に仕上がりがいい。
「お父さんのニンニクを使って、チンゲン菜をシンプルに炒め物にしよう。」
花が咲く前に摘み採った花芽がニンニクの芽だ。根元を押さえて花芽を引き上げながらねじると、途中でポキリと折れ、するりと花芽だけ抜き取れる。これが気持ちいいというか、楽しいというか。
畑には千株近いニンニクが育っていたので、一人では終わりそうにない。
「うまいもの食わせてやるから、ちょっと手伝ってくれ。ビールに合うぞ。」
弘子をそそのかして収穫を手伝わせた。花芽の切り口からはニンニクの香りがうっすらと漂い、畑には食欲をそそる香りが漂った。
「お肉の細切りと一緒にオイスターソースで炒めたら、いいビールのつまみになるわ。」
弘子はノリノリで手伝ってくれた。
「ニンニクを収穫したらお父さんが手がけた野菜が終わっちゃうね。あとはあんたがちゃんとやらないと、雑草畑になっちゃうぞ。」

僕とお父さんとは食の好みが似ていた。一緒に野菜を育てたら、僕たちの好きな野菜で畑が埋め尽くされただろう。
もっと早く野菜づくりを教えてもらえばよかった。
花芽を摘んで１週間ほどたったころ、葉が黄色く枯れ始めた。試しに数株を掘り起こすと丸々としたニンニクを収穫できた。「育て方はめちゃくちゃだったけど、ちゃんと育ってよかった。」
豪快にスライスしたニンニクとチンゲン菜を炒め物にして、昼のおかずにした。仏壇に少しお供えしたあと、夫婦で食べた。市販の野菜とは絶対に違うとは思っていたが、想像以上に美味だった。チンゲン菜はハリがあって歯ごたえがすばらしい。
「収穫して５分で調理すればうまいさ。」
小さめのニンニクは丸ごと油で揚げたり、アルミホイルで包んでオーブンで焼くだけ。ホクホクのニンニク蒸しは最高だ。生ニンニクは薄くスライスして味噌をのせてもおいしい。
弘子は昼間なのに冷蔵庫からビールでも持ってきそうな勢いだ。

きっとうまく行く

ニンニクの次は、レタスが食べごろを迎えた。ド素人が育てられるとは思っていなかったので、多めに1畝2列、約50株を植えていた。なにがどう転んだのか、これが見事に成長して結球し、立派なレタスが畑にたくさん実った。

　外葉を外し、結球した部分をひねると簡単にレタスが採れた。ズシリと重く、見た目も鮮やかでみずみずしい。冷水にさらしてスライスしたタマネギと合わせてサラダを作った。
「なんだ、このシャキシャキ感は！」
　収穫するたびに、新鮮な野菜のおいしさに驚いた。うちの畑は商売にするには狭いけど、自家消費するなら十分だ。植え付けを工夫すれば、毎日極上の食材が手に入る。そう考えるとこれからの野菜作りが余計に楽しみになった。

　レタスは予想以上の大豊作だった。お母さんや弘子が知り合いに声をかけて、採れたてのレタスを分けた。近所には農家が多く、家庭菜園をもっている人もいる。ところが意外にもレタスを育てている人がいなくて、あっという間に僕の育てたレタスたちは貰われていった。
「甘くておいしかったよ！こんなに上手に育つもんだねぇ。プロみたいだ。」

　山の恵みも大地の恵みも、人を笑顔に変える力がある。やる人がいないなら僕がやるしかないと、お父さんから引き継いだ畑で採れた野菜でこんなに褒められて、畑仕事の苦労を全部忘れた。
「初めてなのによう育ってるわ。大したもんじゃぁ。こりゃ畑も安心じゃね。」
　お隣の昌美おっちゃんが畑の様子を見に来てくれた。いそいそとレタスを収穫する僕の横で、弘子のお母さんが自慢げな笑顔を見せている。
　畑では他にも、ナスやピーマン、トウモロコシがぐんぐんと成長している。
「やった。エダマメもでき始めてるじゃない。ちゃんと育ててよ！」
　どうやら弘子はビールのつまみのことで頭がいっぱいらしい。とんでもない嫁だなあ、と僕が思わずつぶやくと、畑にみんなの笑い声が響いた。

　猟も畑も釣りの仕事も、自然が相手だから、なかなか思い通りにはいかない。でも頭を使って工夫して、家族とがんばっていれば、その内なんとかなるだろう。

日の出のコール猟。シカ笛を吹いてオスジカを挑発する。発情期のオスは縄張りを持つ。怒った野生のオスジカが笛の音につられて近づいてくるところを、待ち伏せて撃つ。

COLUMN 07

猟具とメンテナンス

　わな猟で使うくくり罠は、自作する猟師がほとんどだ。警戒心の強い大物のイノシシを仕留めようと、様々な工夫を凝らす。

　新品のワイヤーは油が染み込ませてあるので、そのまま使うとイノシシに嗅ぎつけられてしまう。そこで川に沈めておいたり、落ち葉と一緒に煮込んだりして、油を抜きながら臭いや照りを消す。

　仕掛ける猟場の土を持ち帰り、猟期開幕まで罠ごと埋めて臭いをなじませる手法もある。僕はあらかじめ油を抜いたワイヤーを使っているが、それでも神経質なイノシシは臭いを嗅ぎあてる。

　ただ、有害鳥獣捕獲ではトウモロコシに夢中になったイノシシが、新品のワイヤーを使った罠を仕掛けて翌日に掛かったことがあった。いったい何が正解なのか、イノシシを追いかけていると頭がこんがらがってくる。

　適当な下処理でも掛かるイノシシもいるが、神経をすり減らして作った罠でも見破るイノシシもいる。だったら念には念を入れたほうがイノシシを獲る確率が高まるというのが、今の僕の考えだ。

　狩猟道具には日頃のメンテナンスが欠かせない。特に猟銃は出猟ごとにこまめに清掃しないと、機関部の作動に支障をきたしたり銃身に錆びが出たりする。いざ獲物へ引き金を引いても、弾が発射されないといった事態も起きかねない。

　散弾銃の銃身内には射撃時に鉛や煤が付着するので、清掃用のオイルをスプレーして専用のブラシで磨き上げる。何度かこするだけでブラシが真っ黒になる。仕上げにもう一度オイルをスプレーして、柔らかい布で銃身内を拭きあげる。

　金属部分はタオルでていねいに拭き上げ、猟銃用のオイルを薄く染みこませたタオルで拭いて仕上げる。保管するときはできるだけ素手で触らないようにするのが望ましい。汗の塩分がサビを呼ぶらしい。

　小雨の日は、キジやカモが活発に行動する。基本的に雨天時は銃猟は行わないけど、土砂降りでなければ、猟銃への負担を覚悟で出猟することもある。そんな日は猟が終わったら銃の水気をふき取り、車のエアコンを全開にして湿気をできるだけ飛ばす。帰ったらすぐに分解して、機関部の内部まで乾燥させる。それから手入れ用のオイルを使い、必ず掃除する。

　エアライフルは、狩猟から帰ったら乾いたタオルで拭き上げる。パソコン用のエアーダスターで銃全体の細かいところのホコリを吹き飛ばし、綿棒で汚れをとる。

　よほど汚れていない限り、オイルは使わない。オイルはパッキンを劣化させ、空気

漏れが発生する原因になる。
　銃身内の掃除にも、基本的にオイルは使わない。オイルが少しでも残っていると射撃時に弾の摩擦で燃え、燃えかすが内側にこびりついてしまう。弾の鉛がこすれて溜まることもあるので、必要があればライフル専用の薬品を使い、ブラシで丹念に掃除する。通常は清掃用のフェルト製の弾を撃って、銃身内の汚れを取る。銃身内の汚れがひどいと着弾がばらつく。

　猟銃と装弾を保管するとき、一番気をつけるのが湿気だ。湿気はサビを誘引する猟銃最大の敵だ。装弾は火薬が湿気してしまうと使い物にならない。そこで保管庫の中には押入れなどで使う湿気取りを入れておき、定期的に新品と交換する。梅雨時などは替え忘れがないよう、特に注意する。

　装弾にはごく稀に、不発弾が生じることがある。引き金を引いてもカチっと雷管を叩く音だけがして、火薬に引火せず弾が発射されない。せっかくの獲物を目の前にしていても、いさぎよく諦めることが必要だ。

　遅発の可能性もあるので、猟銃をかまえたまま10秒ほど待つ。すぐに弾を排出したり、銃を降ろしたりすると、時間差で発射されたときに大変危険だ。不発弾は射撃場や銃砲店に持ち込み、処分をお願いする。

　狩猟ではナイフや解体包丁といった刃物を使う場面が多い。丈夫な素材で切れ味が良いものを選ぶ。僕の剣鉈は青紙（あおがみ）と呼ばれる鋼製だ。刃を研ぐのが難しいけれど、正しく研げば切れ味が長持ちする。先輩猟師さんから譲り受けた解体包丁も青紙を使っていて、滑らかに切れるので肉の断面が非常にきれいに仕上がる。

　よほど刃こぼれしていない限り、使用前には仕上げ用の目の細かい砥石で磨く。解体包丁は片刃なので、ハサミと同じように研ぎあげる。一定の角度を保ち、力の入れ具合とスピードを安定させて刃を動かすのだが、これが難しい。

　先輩猟師さんに教わりながらやってみたが、最初の内は角度にむらが出て刃をつぶしてしまったりした。練習を重ねて、刃が薄くなっていく角度と砥石を平行にする研ぎ方を身につけ、ようやく切れ味の良い包丁を仕上げられるようになった。

　刃物研ぎができると、家庭でも大活躍だ。家にある何本もの包丁をひたすら研いだところ家族から大好評。じつは自分の解体包丁をきちんと研げるようになるための、練習だったことは内緒だ。

有害鳥獣捕獲班に入る

第5章 — 新しい猟師のかたち

　自分で農作物を育てるようになってから、鳥獣による食害が思った以上に、精神的にも苦痛だとよく分かった。僕の畑は趣味の範囲だが、農家には収入源を盗まれるのと同じことだ。

　赤く色づき始めたイチゴをヒヨドリがつついてダメにしたり、腰を痛くしながら植えたトウモロコシやエダマメの種を、キジバトについばまれたり。ノラネコがフカフカの畝を掘り返した挙句、ごていねいに糞まで落としていきやがる。まだ弱い野菜の苗が踏みつぶされる。

　せっかく育てた作物が、知らぬうちに消えているのは、やりきれない。

　高原町でも野生鳥獣による農林作物への被害は著しい。年間1000万円を超える被害額が報告されている。報告のない分も含めれば被害額ははるかに膨れ上がるだろう。シカやイノシシ、カラスによる被害が多い。アナグマやタヌキ、ヒヨドリ、ドバトなどにも、牛を飼う畜産家から捕獲要請が出る。

　僕は、高原町の鳥獣捕獲対策協議会の一員に加わった。町の鳥獣対策計画に基づいて、年間を通じて鳥獣の捕獲対策に従事することになった。

　僕は個人的に「駆除」という言葉に

違和感があるので、捕獲対策という言葉を使う。やっていることは駆除に違いはないが、獲るだけではなく、寄せない手段も講じる必要があると思う。

たとえば、商品にならない作物を畑の隅に積み上げたり、収穫せずに放置している環境は、野生の鳥獣にとって餌場そのものだ。残渣の撤去や、周辺の草刈りで見通しを良くするなどが被害対策として有効だと講習で教えられた。

被害が出た場合は、すぐに対応しなければ意味がない。イノシシでは被害が生じてから数日後に現場に行っても、すでに移動していて、別の場所を荒らしている。梅雨時は子連れで行動するので、被害の規模は冬の猟期中とは比べ物にならないくらいひどい。

シカによる農作物への被害も恐ろしい。群れを作る季節には集中的にやられる。朝になって畑に行ったら、丹精込めて育てた作物の半分近くが消えていた——。こんな話はザラにある。

僕は弘子の実家周辺の、高原町内の鹿児山と川平地区を中心に担当することになった。今までの僕の猟場は霧島連山のすそ野が中心だった。アナグマが牛舎の飼料を食い荒らして困るとい

う話は聞いていたが、実家周辺にもシカやイノシシが出るとは知らなかった。

捕獲対策の地区班長さんから話を聞くと、川平地区はイノシシが多い。時々シカが獲れることもあるそうだ。

若い人だね

「まずは農家さんの話を聞いてみよう。」

新しく捕獲班に入った挨拶がてら、担当地区の見回りに出かけた。なだらかな山のすそに畑と田んぼが広がり、農地に隣接して杉林や竹林がある。

一見、シカやイノシシが生息していそうな地形だが、獣が生活するには山が小さいと感じた。広域農道を走って峠を越えると、トウモロコシ畑と牛舎があった。いかにもカラスとアナグマが好みそうな環境だ。

ちょうど牛舎から男性が出てきたので車を降り、帽子を取って挨拶した。
「若い人だね。今年から駆除班に入ったのかい。牛舎にアナグマが来て困ってるから、お願いしてもいいかな。牛の飼料を食い散らかされて困っとるんよ。」

親子で肉牛を養っている小久保さんは、僕を牛舎に連れて行き、無残に破られた飼料袋を見せてくれた。

床に飼料がこぼれ落ち、その上にアナグマの足跡が残っていた。
「子牛用のエサ袋だけ狙われるんよ。どこに置いてもやられるから、お手上げ状態でねぇ。」
　僕はアナグマならすぐに捕獲する自信があった。タヌキとアナグマ用の箱罠は軽トラックの荷台に積んである。
「エサをちょっともらいますね。」
　進入路と思われた位置に箱罠を置き、地面にエサを軽くまいた。台所の排水ネットにエサを詰め、トリガーにくくりつけて罠をセットした。
「エサの味を知っているから、すぐに入ると思いますよ。アナグマって意外と凶暴ですから、入ってたら触らないでくださいね。」
　なんとか捕獲して役に立ちたい。僕は小久保さんに自分の携帯電話番号を伝え、この日は帰って罠の手入れをした。
　翌朝、小久保さんから電話が入った。
「アナグマかかってるよ！　びっくりしたぁ！　すぐに獲るなんてすごいなぁ。」
　声のトーンから喜んでもらえたのが伝わってきた。すぐ牛舎に行って確認すると、丸々と太ったアナグマが罠に入っていた。

　牛の肥育用飼料を食べ続けたアナグマは、山で見かけるものよりも、ふた周りほどもでかい。
「ありがとうね。これでエサをやられることもなくなるかな。」
　夜に袋を破られると朝露で湿ってしまい、牛の食いが悪くなるそうだ。カビの原因にもなるので、獲れて助かったと言ってもらえた。念のために、引き続き箱罠を設置しておいた。

自信を持って
　霧島連山のすそ野に位置する常盤台地区からも、シカ対策の依頼を受けた。
　山間での畜産が盛んな常盤台地区では、牛舎の周囲に飼料用のトウモロコシや牧草畑が広がる。森林に接している畑が多く、イノシシやシカの出没が相次いでいた。電気柵や金網柵で防除は試みられているが、どこかしら隙を見つけて農作物を荒らす。
　対策を依頼された牧草地は集落の一番奥にあって、すぐ脇に杉林がある。
「シカが群れで来てるな。踏まれて牧草が枯れちゃってる。」
　牧草の上でシカが寝たり、踏み荒らされてつぶされる被害も出ていた。

杉林の中の獣道は足跡が残っていないほど、シカに硬く踏みならされていた。かなり頻繁に通っている証拠だ。
「どこかの木に体をこすりつけてるはずだ。」
思った通り、獣道の真横にある木の樹皮に、白いシカ毛が数本ついていた。
「今使っているのはこの道か。よし。」
足跡がなければ他の痕跡を探し、獣が最近もっともよく使っている獣道を割り出す。4シーズンの猟期を過ごした僕は、もう獣の足跡がなくてもそれが獣道だと判別できるようになっている。
イノシシが通る際に周囲につく泥も見分けられる。泥がついた高さから、相手のおおよその大きさも予測できる。
僕は自信を持って、獣道にくくり罠を仕掛けた。これで獲れれば、しばらくは警戒して群れが近づかなくなるはずだ。
罠を設置してから3日目の朝、狙い通りにシカがかかった。エアライフルで頭部を撃って動きを止め、剣鉈をノド元に刺して放血を行った。
冬場と違い、血の臭いを嗅ぎつけたハエが次々と集まってくる。シカの体表には無数のダニが蠢いていた。
「これは毛皮なめしは無理だ。間違いなくダニに噛まれる。」

肉を無駄にしない

鳥獣被害対策協議会では、捕獲した獲物をできるだけ有効利用しようという目標がある。肉の自家消費はもちろん、副産物の利用も探ろうというものだ。

猟期中の獲物をフライマテリアルとして加工販売している僕には、毛皮や羽の有効利用はお手のものだ。だが、毛の隙間から這い出てくる無数のダニを見て、毛皮の加工はあきらめた。

フライマテリルとしても夏毛は不向きだ。冬毛は体温を保持するべく、毛の髄質が豊富で柔らかい。しかし夏毛は冬毛と比べると細く硬い。夏場の毛皮なめしは見送らざるをえないようだ。

農家には厄介者で、フライマテリアルにもならなくても、ありがたい山の恵みだ。肉だけはちゃんと自家消費しようと思った。

捕獲した獲物を殺してそのまま埋めてしまう行為に、僕は狩猟を始めた時から疑問を抱いている。

解体するならダニ対策を行わなければならない。シカが獲れた時はあらかじめ弘子に言って解体場の周辺へダニ避け

の薬剤を散布しておいてもらうことにした。

　神経を使ってもシカを精肉したいのは、夏ならではの肉質だからということもある。「もみじ」とも呼ばれるシカ肉は、紅葉シーズンが旬だとされているが、脂は夏の方がのっている。

　夏のシカは草木の新芽が豊富な環境で過ごすので、栄養をたっぷりと蓄えている。脂身は臭みがなくあっさりとしていて、サシの入っていない和牛のようだ。冬のシカとは違った味わいがある。

　シカをロープで吊り下げたら、ガスバーナーで毛を焼いた。ダニを焼き殺してしまうためだ。肉に火が入らないように注意し、水をかけて冷やしながら作業する。ダニが這い上がっていないか、こまめに長靴を確認する。

　気温が高いので解体作業はいつも以上にハイペースで行う。モタモタしていれば内臓の熱だけで、肉が生焼けを起こす。すぐに内蔵を摘出し、ホースで水をかけて腹腔内のあら熱をとった。

　夏場の解体は時間とダニとの勝負だ。

美味しさは処理で決まる

　皮を剥ぐとシカの身体は真っ白な脂身で覆われていた。

　特に腰から尻にかけての部位は脂身が1cmくらいもある。北海道のエゾ鹿に比べれば脂は少ないが、食べても胃もたれしない、ほどよい脂のりだ。色や質感も見るからに美味そうだ。

　その晩、我が家の食卓にはシカ肉が並んだ。シンプルに鉄板で焼き肉でいただくことにした。シカの脂だけをとって牛脂ならぬ鹿脂として鉄板に敷いた。脂が溶けたところで、肉を焼いていった。

「おいしい！牛肉よりくどくないし、やわらかいね。」

　弘子はビールを片手に、次々とシカ肉をたいらげていった。焼くと硬くなるはずのシカ肉が、高級和牛のようなやわらかさだ。それには秘密があった。

　猟銃所持許可の更新のために医師の診断書が必要だった僕は、地元の医院に行った。その時に釣りと狩りの話で先生と盛り上がった。

　専門家の観点から、理論的には狩猟で得た肉へ、とある処理をすれば臭みも出ないし水分を保てるはずだと教わった。精肉後に赤血球を壊さず、さらに血抜きするという原理だそうだ。

　半信半疑でやってみたところ、見事に

成功した。我が家で焼肉をするときは牛肉も用意するが、必ずシカ肉からなくなっていく。きちんと処理したシカ肉は、日本一に輝いた宮崎牛もかなわない。

ぞっとする瞬間

有害鳥獣駆除班に入る前、駆除班の猟師さんたちは一年じゅう狩猟ができてうらやましい、という気持ちがなかったわけではない。でも猟期外の有害鳥獣捕獲は、お金も時間も労力もつぎ込む奉仕活動に近い。

冬と違い、罠をひとつ仕掛けるだけで汗ばむ陽気。止めたシカの顔には宿主の死を察知したマダニがうごめき、足元の湿った落ち葉からは、吸血するヤマビルが這い上がってくる。

毛虫やスズメバチ、マムシといった危険生物も、猟期中よりもずっと活動的だ。慣れていても背筋がぞっとする瞬間が多い。

それでも、猟師の僕が地域の人の役に立てると思うと、気持ちが違う。捕獲活動は猟師にしかできない。

捕獲活動にかかる経費は、ほぼ全部が自己負担だ。カラスを撃つのに散弾を使うなら、弾代が25発で4200円。

シカ、イノシシの捕獲罠を設置すれば毎日の見回りが必要で、車のガソリン代もばかにならない。

捕獲した鳥獣によって、報奨金が支給されることがある。地域によって金額は異なるが、高原町ではシカおよびイノシシの成獣には、1頭当たり8000円の手当てがある。カラスやヒヨドリ、タヌキ、アナグマなどにも手当ては出るが、すずめの涙程度。

だからなのかどうしてもシカ、イノシシが優先され、それ以外の鳥獣の駆除に来てもらえないと、農家の方たちからよく聞かされた。

僕にしかできないこと

僕の場合、報奨金はオマケでついてくる程度にしか考えていない。

なぜなら僕は職業猟師で、毛鉤釣り職人だ。僕には捕獲した鳥獣をフライマテリアルに加工する技術がある。

「だからカラスやアナグマ、ヒヨドリでも、要請があれば駆けつけますよ。」

自分で作物を育て始めて、鳥獣に畑を荒らされる気持ちが分かってきたことも踏まえ、農家の方には自分の仕事と考え方を、包み隠さずに素直に話す。

高原町広報への連載記事で、毛鉤釣り職人としての自分を知っていただいていることもあり、農家の皆さんは納得してくれて、応援してくれる。
「浩之君は毎日、見に来てくれるから助かるよ。今まではたまーに来て、いませんね…、で終わっちゃってたからなぁ。」
「いっぱい獲って、稼ぎなさいよ。弾代やらガソリン代やら大変でしょ。うちの畑にもカラスが出てスイカ食べちゃうから、よろしく頼むよ。」
　困っている農家さんのために被害をなんとかしてあげなきゃいけない立場なのに、僕が農家さんに逆に心配してもらうという、おかしな関係だ。
　農家のネットワークで話が広がり、どんどん要請が入ってくるようになった。アナグマが飼料を食べて困る、ヒヨドリが果実を食べ荒らす、ドバトの糞害がひどい。…
「今までなかなか対処してもらえなかったけど、新しく入った若いお兄ちゃんがやってくれる。相談してみればいいよ。」
　やっぱり人と人との繋がりが僕を助けてくれる。おかげで農業の先生が大勢できた。これで我が家の畑も安泰ってもんだ。
　けれど作物の育て方には、農家の方にそれぞれのやり方があって、話をまとめていくと、「何やっても育つ。」という結論になる。大丈夫なんだろうか？

　さて、我が家のトマトも色づき始めた。それを狙って夜にはタヌキが出てくるようになった。トマトの畝にヤツの足跡がある。収穫寸前のトマトを見事にかじっていきやがった。
「おのれタヌキ！ 猟師の畑を荒らすとはいい度胸してやがる！ ダビング材にしてくれよう！」
　とまぁ、趣味の菜園にすぎない我が家で被害が出ても、ムキィ！ となるだけである。
　周囲に被害が出ないようだったら見逃してやってもいいかなとも思う。手当たり次第に獲ればいいってもんじゃないし。

捕獲対策をお願いされた農家さんに、罠に掛かったイノシシを実際に見てもらった。人を見て暴れるイノシシの怖さを知ってもらい、獲物が掛かっても近づかないでくださいとお願いする

カラスは毛鉤のよい素材だ。羽質が毛鉤に使えないものは、腐敗しない仮剥製に加工して農家の方に差し上げる。これを設置するとカラス避けに効果的だ。プラスティックの作り物と違って、一瞬でカラスが来なくなり、効果が持続すると評判をいただいている

COLUMN 08

職業猟師の猟法について（網で獲る）

　大日本猟友会会報によると平成28年3月時点で網猟狩猟免許を所持する会員は、たった の406名しかいない。ちなみに、わな猟狩猟免許所持者は32514名で、第一種と第二種銃猟免許所持者の合計は72456名だ。

　網猟の対象はほとんどが鳥類だ。網猟は罠猟と同じく、待ちの猟になる。仕掛けた場所に獲物が来なければ成り立たない。周囲に網猟の経験者がいないため、インターネットで情報を集めながら試行錯誤を繰り返している。→ P.166

　幸運なことに、先輩猟師さんから昔知り合いにもらったというカモ用の網を譲っていただくことができた。ホームセンターで部品になりそうな資材を買い集め、なんとか無双網を自作した。サイズは高さ2m×幅8mと無双網にしては小さめだが、最初の一羽を狙うには十分だ。

　無双網は地面に寝かせて置く。30〜50m以上離れた位置までワイヤーを伸ばして人間は隠れて待つ。網で覆われる範囲内に獲物が入り、撒き餌を食べ始めたら、頃合を見計らって一気に思いきりワイヤーを引っ張る。

　すると網の上辺が持ち上がり勢いよく反転して、獲物に覆いかぶさるという仕掛けだ。ワイヤーを引くのにはかなりの力が必要だが、河原で試してみると面白いように作動した。

　無双網でのカモ猟は、夜間に餌を漁るカモの習性を利用している。川岸や水を張った田んぼなどに餌を撒いて餌場と認識させ、夕方に網を仕掛けて寒空の下カモが来るのをじっと待つのである。過酷な猟だ。

　スズメの網猟は、飼い慣らした囮（オトリ）のスズメを紐で結んで網の範囲内に設置し、スズメの群れをおびき寄せる。囮につられて群れが降りてきたら、網を作動させる。

　キジの網猟も囮を使うそうだ。キジの強い縄張り意識を利用する。まず囮のオスキジを網の範囲内に置く。囮メスを藪に隠して鳴かせると、囮のオスが呼応してドラミングをする。すると自分の縄張りを侵されたと思った野生のオスが飛んできて、囮のオスにケンカをしかける。その瞬間、囮ごと網を被せて捕獲する。

　スズメもキジ猟も日中にできるし、非常に面白そうだからいずれはぜひやりたい。

　無双網はカラスの捕獲にもひと役立ちそうだ。網猟は餌でおびき寄せて一網打尽にできる。銃を使えない場所でも仕掛けられる。音を立てないから家畜を驚かさない。猟具自体の危険性も低い。

　網を使いこなせられるようになれば、被害対策の幅も広がるはずだ。

上) 猟期解禁直前の牧草地で、のんびりと散歩するオスキジ。猟期が始まるととたんに姿をくらまし、見つけるのが一苦労。藪に潜んでいることが多いので、猟犬を使わないとキジ撃ちは難しい
下) 通常の猟期中は自由狩猟だ。仔連れや狙いが外れた掛かり方をした獣は、ケガの程度にもよるが放獣することもある。罠を外してやっても何が起こったか分からず戸惑うシカ。お尻を軽くたたいたら、森へ走っていった

今猟期最初のイノシシが、師匠の牛舎横の杉林で掛かった。およそ50kgのオスだったが、発情前で臭みがなく、脂ののったいい肉が獲れた。昨年も同じ場所でイノシシを掛けている。イノシシもシカも、仲間が獲られるといったん警戒するが時間がたてば同じ場所を通る

A、B　捕獲対策期間は通常の猟期中よりもイノシシの捕獲が多かった。この地区のイノシシは主にトウモロコシに夢中になっている。畑に通ずる獣道に罠を仕掛けたところ狙いが的中した。イノシシは人の姿を見ると最後の反撃をしかけるので、とても危険だ。20～40kgの若いイノシシは10mほど離れてエアライフルで眉間を撃って止める

C、D　猟期中の12月、100kgの大イノシシが罠に掛かった。昨年大物を獲った獣道に新しい足跡を見つけた。迷うことなく掛けたところ、同じ状況での捕獲となった。帰り道に大師匠の乙守さんのお宅に寄って、仕留めた大物を見せた。一緒に喜んでくれた

E～G　僕のカモ猟はかなりしんどい。羽も肉も最高の状態で獲りたいので、エアライフルでの狙撃がメインだ。こちらの存在を悟られぬように、音を立てず、藪を匍匐前進で進む。近づいていく途中で飛んで逃げられるのは日常茶飯事。狙いは50m先のカモの目。せっかく弾を命中させられても、回収できないこともあるので、上質のカモを手にできた時は、その場で踊り出したくなるくらい嬉しい。複数のカモを手早くしとめるには、驚かせて飛び立つカモたちを散弾銃で狙う

職業猟師にとって狩猟方法の引出しは多ければ多いほど有利だ。捕獲要請にも的確に対応できる

H　エサで誘引する箱罠ではイノシシの親子をまとめて捕獲することもできる
I　枝の反発力を利用した跳ね上げ式のくくり罠では、アナグマやタヌキなどを狙う
J　ノウサギ用のワイヤー罠は地上10cmに仕掛ける。ノウサギが輪をくぐると体に引っかかり、逃げようとすると輪が絞まって掛かる仕組み。タヌキも掛かる　→ P.172
K　網猟なら鳥類を静かに大量に捕獲できる。先輩猟師から古い無双網(高さ2m、横幅8m)を譲っていただいた。破れやほつれを修理してありがたく使わせていただく　→ P.166

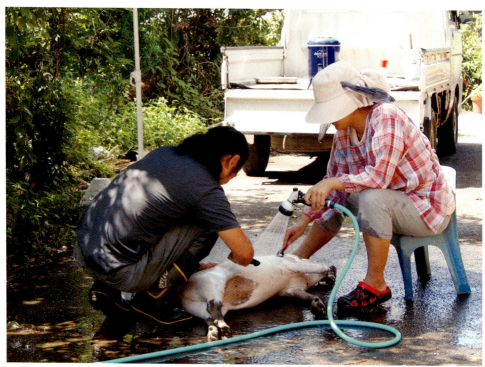

イノシシの味を覚えてから、すっかり猟師の嫁らしくなった弘子。今では手でさわるだけで脂のりの程度が分かるまでに。夫婦でイノシシを解体するなんて、結婚した時には考えもしなかった　→P.152

小学生対象の夏休みイベントで、毛鉤製作のデモンストレーションを行った。一緒に川に入って毛鉤のモデルになる水生昆虫を探した　→P.144
地元住民の方や市町議員の方々に、自分の暮らしぶりをお話しする機会に恵まれた。地元の鳥獣の羽と毛を使って、僕が巻いた毛鉤をお見せする

農林畜産業への鳥獣被害について

カラスはトウモロコシの皮をきれいに剥いで、実だけをついばんでいく。牛舎では飼料を狙ってイノシシが侵入し、牛を驚かせる被害が出る。表皮をかじられてしまったカボチャは見た目の問題で売り物にならない。林業ではシカが木の幹で角を研ぎ、樹皮を剥がしてしまう被害が深刻だ

畑の一番奥に仕掛けた罠に、トウモロコシを食い荒らしていたイノシシが掛かった。車までおよそ200mほどの距離を、雪ソリにイノシシを載せて運び出す。鳥獣被害対策では確実に被害を止めるために、罠を掛ける場所が遠いなどとは言っていられない　→ P.151

COLUMN 09

簡単&おいしい猟師料理を教えます

　野生鳥獣の肉は我が家では日常の食材だ。余すことなく精肉して、食用に向かない部分は飼い犬の餌にする。僕は手の込んだ料理は作らない。それぞれの肉の風味を楽しむには、シンプルな調理法が一番だ。厳しい自然界を生き抜く野生鳥獣の肉は、活力にあふれたありがたい山の恵みだ。おいしい肉を得るには、捕獲から解体までのスピードが要だ。血液が凝固しないうちに放血し、熱が肉に伝わらない内に内臓を摘出する。仕留めて30分以内なら、臭みのない上等の肉が得られる。

　食べきれない肉は冷凍保存するが、できるだけ空気に触れないように密閉する。理想は真空パックだ。解凍は室温か冷蔵庫で。溶けた汁（ドリップ）が肉に触れぬようにするのが大切。レンジで解凍なんて、臭みが出る原因でしかない。

　骨は絶対に捨てない。砕いてかまどでじっくりと炊き上げ、出汁を引く。イノシシの骨からとったスープは濃厚でコクがある。ガンガン強火で丸一日炊き上げると白湯スープができあがるので、これをベースに煮猪を作って猪ラーメンを作る。冬場はたっぷりの野菜とイノシシ肉を入れてさらに薪で炊き上げ、醤油と味噌で味を調えたシシ汁がたまらない。（A）

　カモのガラを炊き込んだ出汁も最高だ。脂のりがいいカモを煮込むと表面が黄金色の脂で覆われる。一見くどそうだけど、あっさりしているのに風味豊かで上品な味なのだ。スープはペットボトルに密閉し、冷凍保存するといつでも使える。シベリアと往復する驚異的な体力の源が詰まったカモのスープは、夏バテなんて吹っ飛ばしてくれる。ソバや鍋、雑煮など、なんにでも使える贅沢かつ万能な食材だ。（B）

　鴨鍋は、揚げやきりたんぽなど、出汁を吸う食材を入れる。鴨肉はしゃぶしゃぶのように、火を入れすぎずにいただく。鴨出汁のそばはシンプルながら、鴨を堪能できる一品。野菜のかき揚げが旨味を吸い、ネギが出汁を引き立てる。（C、D）

　カモの肉は鉄分が豊富で少しレバーっぽい味がする。苦手な人もいるが、たっぷりの長ネギと一緒に食べると驚愕する。レバーっぽさが口の中で一瞬に消える。「カモが葱を背負って」というが、まさにその通りで感動すら覚える。上手に血抜きした鴨肉は、焼いても煮ても柔らかくて美味。噛むと脂が口の中でネギと出会って絡み合う。七味とよく合う。（E）

　皮の下の脂が2層になっている極上のイノシシ肉。この脂にイノシシの旨味が凝縮されている。イノシシはシンプルに塩を振り、炭火で焼くのが一番。シカは火を通しすぎると硬くなるので、さっと焼いて大根おろし醤油でいただくと絶品。（F、G）

第6章 | みんなを笑顔にする仕事

第6章 みんなを笑顔にする仕事

釣りのおじさん

　今年もまた、隣りの三股町にあるヤマメ養殖施設「しゃくなげの森」で、子ども向けの毛鉤製作デモンストレーションをすることになった。

　渓流のフライフィッシングで使う毛鉤は魚が捕食する昆虫をイメージしている。子どもたちと一緒に、川で本物の水生昆虫を採取してから、毛鉤をタイイングしよう。

　当日は20名の夏休みの子どもたちがやって来た。イベントが始まる前から、机に並べておいたマテリアルの鳥の羽やシカの毛皮に興味津々だった。

　最初に川へ降りて、子どもたちと一緒に水生昆虫を探した。ほうぼうで、てんでに石をひっくり返し始めた。
「いた！ カゲロウの幼虫だ！」
　子どもがカゲロウの存在を知っていることにおどろいた。地元の子どもにはカゲロウの幼虫は当たり前の遊び相手なのだろう。自然の豊かな環境でこそだ。
「こっちにはヘビトンボの幼虫がいるよ！」
　なんとヘビトンボも知っていた。用意したトレイには、ものの数分で様々な種類の水生昆虫が集まった。

これって本物？

しゃくなげの森の池辺さんが子どもたちに話し始めた。
「こういう虫たちは、水がきれいじゃないと棲めないんだよ。川が汚れると虫がいなくなって、それを食べるヤマメのような魚もいなくなっちゃうんだ。」

子どもたちは真剣に池辺さんの話に聞きいっていた。この虫は何？　と積極的に質問を投げかける子もいた。

水生昆虫の採取が終わると、いよいよ毛鉤の製作だ。僕が机に座ると、子どもたちが周りを取り囲んだ。

フライタイイングでよく使われるクジャクやカモ、キンケイなどの鳥の羽を、子どもたちは宝石みたいだと言って、まじまじと眺め、かわるがわる手に触れた。
「これって本物なの？」

たしかに自分の親がフライフィッシングをしていない限り、こうやって色んな種類の鳥の羽に触れる機会は、まずないだろう。

羽の鑑賞会が終わると、僕はていねいに毛鉤を巻いてみせた。一つの工程ごとに子どもは感嘆の声を上げ、身を乗り出してきた。

今使っている羽は何の鳥？　この毛は何？　と浴びせられる質問にひとつひとつ答えながら、毛鉤を作っていった。

毛鉤を欲しがる子には、あらかじめ用意しておいたものを１本ずつ配った。僕の巻いた毛鉤を宝物のように扱い、大切にしまう子どもたち。

ふと自分がフライフィッシングをしていて、フライタイヤーになってよかったなと思った。僕はただ好きなことをやってきただけだけれども。

ひときわ熱心にタイイングを見ていた男の子が言った。
「僕は生き物が好きだから、理科をいっぱい勉強して、将来は動物園で働くんだ。そしたらおじさんに、内緒で鳥の羽を分けてあげるね。」

それは頼もしい。ぜひフラミンゴの羽根をもらいたいな、と言うと男の子は
「約束するよ！」
と叫んで、釣り竿を手に川へ走っていった。

釣りでもしようか

お盆の前に、畑ではトウモロコシの二陣目が収穫の時期を迎えた。ナスもたわわに実った。レタスは食べきれないほどで、エダマメも大豊作だ。

毎日の食卓が野菜づくしだ。さすがにメニューに頭を悩ませる日も多くなった。
　弘子の兄で次男の、睦夫(むつお)兄ちゃんの家族が、お父さんの初盆に合わせて帰省してきた。
「むっちゃん見て。畑すごいでしょ？」
　なぜか弘子が得意げに畑を見せた。
「ひーろーくん。あーそーぼー！」
　甥のそうまと、姪のひなだ。大阪からフェリーでの長旅だったというのに、元気いっぱいで遊ぶ気満々だ。お地蔵さんごっこ（僕がお地蔵さん役で、動くと変態がいるといって逃げる遊び）や、答えのない宝探し（ひなの指示で僕が宝を探す。気分で宝が変わるので終りがない）やら、相手が大変だ。
「じいじに南無南無せんと。寂しがるぞ。」
　孫が帰ってきて、お母さんも喜んでいる。久しぶりに食卓が大にぎわいだ。
「そうだ。畑のキュウリでお盆の馬を作ってお迎えしよう。」
　畑へキュウリを採りに行くと、すでにキュウリではないような巨大なキュウリがぶら下がっていた。
「お父さんが乗るにはでかくなりすぎたなあ。大型トラックじゃあるまいし。」
　迎え火は夕方からだけど、にぎやかな孫たちの声を聞いて、もう帰ってきてるかもしれない。
　翌朝罠の見回りを終え、昼前に自宅に戻るともう二人がいて、さっそく捕まった。弘子も振り回されてヘトヘトになっている。どこかへ遊びに連れて行けと口々に言う。
「じゃあ、じいじの湖へ行って、釣りでもする？」
　未就学児にフライフィッシングは無理だし、なにも釣れないと飽きるだろう。ミミズをエサにして、ブルーギルでも釣ろう。
　小野湖に浮かんでいるお父さんの筏の様子も久しぶりに見たい。
　僕と弘子はむっちゃんたちの家族を連れて小野湖へでかけた。大減水でボートを降ろせないが、湖岸から確認する限り、お父さんの筏に異変はなさそうだ。
　桟橋の付近でのんびりと釣りすることにした。
「エサはあんたがつけてね。」
　最初から自分が釣り竿を握って、やる気満々の弘子をなだめ、そうまとひなにそれぞれ竿を持たせた。

ハリにミミズをつけて投げると、すぐにブルーギルが群がってきた。
「浩君、釣れたよ！」
　ひなの竿に25ｃｍ以上はある大物のブルーギルが食いついた。
「ひなは釣りが上手だな。」
　得意げな顔になり、早く次のエサをつけて、とせかす。エサを取られ、拗ねているそうまの竿にもミミズをつけ直して投げると、すぐに竿が曲がった。
「そうちゃんも、お魚釣れたもんね！」
　対抗心に火がついたのか、またひなの竿が曲がった。入れ食いだ。こうなってくると大忙し。エサをつけるのも魚を外すのも僕の役目。子どもたちは大喜びだ。
「浩君、すごいね！」
　だっておじさんは釣りを仕事にしているんだよ。

帰ってきちゃえば

　次の日は、しゃくなげの森へ行った。むっちゃんの家族と弘子は釣り堀でヤマメを釣ったり、川で泳いで遊んだ。
　僕はみんなを放ったらかして、川で一人でヤマメ釣り。池辺さんに教わった秘密のポイントで、ヤマメの連続ヒットを楽しんだ。

　今夜の宴会でヤマメも焼くから、必ず釣って持って帰ってきなさいと、弘子から指令が下っていた。
　その晩は実家の庭に家族全員が集まり、バーベキューをやった。僕が獲ったイノシシ、シカ、昼に釣ったヤマメ、畑で採れた夏野菜。並んだ食材のほとんどが自分で調達したものだ。
　長男の誠也兄ちゃんのリクエストで、イノシシのモモ肉を骨付きのまま丸焼きにした〝漫画肉〟も用意した。
「おいしい！こんなの大阪じゃ食べられないよ。」
　むっちゃんの奥さんの美紀ちゃんが、骨付き肉をほお張って、目を丸くした。子どもたちも焼けたお肉を片っ端から食べていく。ヤマメの塩焼きにも、待ってましたとばかりに、みんなで食いついた。池辺さんからいただいた尺ヤマメのお刺身にも箸が止まらない。
　弘子とむっちゃんは、いつもよりもお酒のペースがよろしいようだ。
「宮崎に帰ってくると、うまいものが食べられていいわぁ。弘子たちが引っ越してきて、おかんも幸せだな。」
　弘子にビールを手渡しながら、むっちゃんが言った。弘子が答える。

「いっそのこと、こっちに仕事見つけて帰ってきちゃえば。シカでもイノシシでも毎日食べられるよ。」

そりゃいいアイデアだとむっちゃんが言うと、美紀ちゃんが顔を曇らせた。

「虫がねぇ…、あたし無理。」

美紀ちゃんは、仕事で休めないむっちゃんを大阪に残して、子どもと一緒に帰省するくらい高原町が大好きなのだが、虫が大の苦手だ。

「浩君が獲ったお肉を送ってもらえばいいんだけど。」

そんな楽して肉は食わさんと、なぜか弘子が横槍を入れた。獲ってるのは僕ですが。

「旦那のものは、私のもの！」

酒が入って弘子の鬼嫁っぷりに拍車がかかったようだ。

「お父さん、NOと言える旦那には、いつになったらなれるんでしょうかねぇ。」

僕はお父さんの遺影に語りかけた。お母さんが座っている席の隣りには、お父さんの遺影が立ててあった。焼いたイノシシ肉とヤマメが小皿に供えられ、蓋の開いた缶ビールも置かれていた。

「じいじも一緒に食べてるのかな？」

ひなが不思議そうにお父さんの写真を見て首をかしげた。

「ひながお肉をいっぱい食べて元気だなって、じいじも安心しているよ。」

孫の頭をなでながらお母さんが言った。バーベキューの炎で火照った顔で見上げれば、田舎の夜空は自然のプラネタリウムだ。都会では絶対に見られない、きれいな天の川が流れていた。

お腹がいっぱいになった子どもたちは、花火を終えるとそのまま寝入ってしまった。

しゃくなげの森で子ども釣り大会のお手伝い

COLUMN 10

猟期中の一日はこんな感じ

　猟期が始まると、僕は一日のほとんどを山と河ですごす。朝はまず罠の見回りだ。獲物のほとんどが夜間に活動する。朝一番に見回ることで、罠のワイヤーが痛んで逃げられたりするリスクを減らせる。

　大型のイノシシなんかは、自らの足首を食いちぎって逃れようとするのもいる。シカも油断はできない。暴れまわった挙句に足首を骨折し、かろうじて皮だけつながっている状態で見つけることもある。見回りが遅くなれば確実に逃げられてしまう。

　罠に掛かった手負いのイノシシはとても危険だ。人の姿が目に入ると、たてがみを逆立てて突進してくる。シカも注意が必要だ。毎年獲物の逆襲による事故が発生している。蹴られて指の腱を断絶したり、オスジカの角が肺を貫通するケースもある。

　鳥獣被害対策での罠掛けの場合は、農家の方には罠に掛かった獲物の危険性を伝えて、近づかないようにあらかじめお願いする。ほとんどの方が罠に掛かった獣を見たことがない。僕は獲物が掛かると依頼者に連絡を入れて、手が空いていれば見に来てもらうようにしている。自分の目で見れば危険性を理解してもらえる。

　罠の見回りを朝一で行うのは、事故防止の観点からという理由もある。

　獲物が掛かっていれば、午前中は確実につぶれる。仕留めた獲物を素早く搬出し、自宅の解体場で処理をする。精肉が終わって一息ついたら罠のメンテナンスを行い、再び罠を仕掛けに山へ戻る。

　冬場であれば、罠掛けから帰宅後に、毛皮のなめし作業を行う。毛鉤の材料に加工するため品質を劣化させない独自の手法で行うので時間がかかる。丹念に作業すると終わる頃には陽が傾いている。

　罠が空振りだった日はよほどの悪天でない限り、猟期中は鳥撃ちに出かける。川や野池でのカモ撃ちがメインだ。霧雨や曇天の日は、畑や田んぼを徘徊するキジを探して狙う。銃猟が許されているのは日の出から日没までだ。結局一日じゅう、猟場を駆けめぐることになる。11月15日から2月15日までの猟期中にできるだけ数を揃えたいから必死だ。

　警戒心の強いカモの猟場は何カ所か確保しておき、ローテーションで休ませる。カモ猟へ出猟しない日は、カラスやヒヨドリ、ドバトの被害対策に出かける。

　鳥撃ちで獲物が獲れれば、毛鉤用の羽を選別したり、仮剥製を製作したりと、夜遅くまでの作業が続く。カモやキジ、ヒヨドリなど食用に向いたおいしい獲物が獲れれば、解体と精肉をできるだけ早く行う。すべてが終わる頃にはぐったりだ。

　その横で弘子はビール片手に旬の獲物を七輪で焼いてご満悦である。

第6章 みんなを笑顔にする仕事

自分が誰かの役に立つ

　高原町には宮崎牛を育てている畜産家が多い。7月に入ると、飼料用トウモロコシの収穫が始まる。

　実の詰まったトウモロコシは野生の鳥や獣にとって特別のごちそうだ。収穫間近になると、有害鳥獣捕獲班へ対策依頼が次々と舞い込んでくる。

　先輩猟師さんから毎年の傾向を聞いていた僕は、農家の方と打ち合わせしながら、常盤台地区のトウモロコシ畑の周辺に捕獲罠を増設していた。

　その日は軽トラックを車検に出していたので、弘子の軽自動車で罠の見回りに出かけた。やっぱり軽トラックでないと落ち着かないが仕方ない。

　車を泥で汚すと、弘子にがられる（怒られる）から、いつもより手前に車を止めて、歩いて山に入った。

　畑の横を通って杉林を進むと、罠を仕掛けた場所の地面が荒れている。

「うわあ。この地面の荒れ具合は間違いなくイノシシだ。でも姿が見当たらない。逃げられたのかな。」

　くくり罠のワイヤーを固定した杉の木の周りが、すり鉢上に掘り返されていた。静かに近づいて様子をうかがうと、なにやら茶褐色の物体が転がっている。

「やっぱりイノシシだ。せっかく掛かったのに、死んでしまったのか！」

死んでしまったらお肉にならない。せっかくの山の恵みが無駄になったとがっかりしながら足を踏み出した瞬間、パキッと、落ち枝が折れる音がした。

すると死んでいると思ったイノシシがむっくりと起き上がり、僕に気がついて逃げようと激しく暴れ始めた。

「なんてこった！ 暴れ疲れて寝てただけか！」

ちょっとは上達したのかな

掛けたはいいけど、今日は弘子の車だ。イノシシをトランクに積み込んだら車内にダニが蔓延する。弘子が発狂すること間違いなしだ。

屋根にイノシシを固定して運ぼうかとも思ったが、町の人に気味悪がられる。どうしようもないので地区班長さんに電話して、軽トラックで運んでもらうことにした。

班長さんが到着するまでに止め撃ちをして血抜きを行い、イノシシを道路際まで運び出した。道路から離れた場所で捕獲した時のために、僕はいつも雪ソリを車に積んでいる。

これに獲物を載せれば、多少の斜面でも楽に引き出せる。便利な道具だ。

「おぉ、やったね。イノシシ獲れたじゃんか！」

僕にこの場所での捕獲要請の指示を出してくれていたのは班長さんなので、一緒に喜んでくれた。僕も期待に応えることができて、ひと安心だ。

「それにしても、夏なのに脂のってるね。こりゃいいイノシシだぞ。」

夏場のイノシシは脂がのっておらず、冬とは比べ物にならないと聞いていた。ところが今日捕獲したイノシシは軽トラックへ引き上げた時に、ブルンと震えた。

実はこの場所は2日前に空弾き（からはじき）をしていた場所だった。残っていた足跡から取り逃がしたのがイノシシだと分かってへこんでいたのだが、どういうわけか同じ獣道を再び通ったようだ。歩幅を読みきって、罠の位置を少しずらしたことで、しっかり前脚をくくることができた。

「ちょっとは上達したのかなぁ。結果よしってことで。」

帰り際、トウモロコシを食われて困っていた依頼者の農家さんに、加害獣（被害を与えていた野生動物）と思われる

イノシシを捕獲したと、報告した。

今朝、見回りに入る前に挨拶した際、昨晩はなぜかイノシシが出てこなかったみたいだと聞いていた。トウモロコシ畑に出ていた群れの中の一頭を、狙い通りに捕獲できたようだ。

「下の畑もやられてるんで、お願いしてもいいですか？ もう、手当たり次第やられちゃってるもんで。」

どうやらイノシシたちはいくつかの群れで徘徊しているらしく、まだ捕獲すべき個体がいるようだ。午前中にイノシシの解体を終わらせて、今日中には罠を追加しておきますと約束した。いい結果が出せたことで、引き続き対応を任せてもらえることになった。

弘子と解体

イノシシが獲れたことを連絡してあったので、自宅に戻ると弘子が目を輝かせて待っていた。イノシシが獲れた時だけは、文句を言わず弘子が解体を手伝ってくれる。

捕獲報告のための写真を撮り、書類を書いてから解体を始めた。30kgほどのメスのイノシシで皮も柔らかいだろうから、ガスバーナーで毛を焼く方法で解体することにした。

僕がバーナーで焼きながら草カキを使い毛をそぎ落とし、弘子がホースで水をかけて熱を取った。焼いては毛をそいで水をかけるのを繰り返すと、イノシシはどんどん真っ白になっていった。こうなると本当に豚そっくりだ。

「触った感じじゃ、脂のってそうだね。」

毛そぎが終って腹部を開くと、断面には分厚い脂があった。頭部を落として食道と気管を外した後、股の下から直腸と尿道を切除し、内臓を一気に取りだす。胃袋はパンパンに詰まっており、黄色い粒粒が目に入った。

「トウモロコシを食い荒らしていたヤツだな。狙い通りに獲れたってことか。これだけトウモロコシを食べていれば、そりゃ脂ものってるわけだよなぁ。」

腹腔内を冷やしながら洗浄し、清潔な精肉専用のタオルで水気を取った。さばき台の上にイノシシを寝かせ、解体用のナイフで解体を始めた。

若い個体でもあり、触るだけで肉が柔らかいのが分かる。脂もほどよくのっており、この時季には上等なイノシシだ。

「せっかくだからさ、ご近所さんとの交流も兼ねて、シシ焼きでもやらない？」

弘子の実家へ引っ越してきてから何かといそがしく、僕はご近所さんとまだほとんど交流がなかった。名案だ。

さっそく弘子とお母さんがご近所さんに連絡し、晩にイノシシの炭火焼き会をやることになった。

その前に精肉を終わらせ、追加の罠を仕掛けに行かなければ。猟期中よりも大忙しだ。

みんなが笑顔になる

夕方、お父さんが作ってくれた鉄製の炭焼き台に火をおこし、準備した肉や野菜を並べて、宴会の用意をした。

「お父さんが元気だったら、どんなに喜んでくれたことかねぇ。逝くの早すぎだよ。」

最後にお父さんと極上のイノシシ肉を焼いて食べたときのことを思い出して、弘子のお母さんがつぶやいた。

今回獲ったイノシシは極上とまではいかなかったけれど、誰に食べさせても自慢できるほど、よい脂のりだった。

背中のロース肉、バラ肉、ホホ肉やトロ肉、タンなどの希少部位も用意した。バラ肉をぜいたくに背ロースつきで切り分けた骨付きのリブロースもある。

網の上でイノシシの脂がしたたり落ちて炭で焦げると、食欲をそそるいい香りが広がった。

まーた、お前たちだけで美味いもんくいよって。

豪勢に用意されたイノシシ肉を見て、空の上でお父さんがそう言ってるんじゃないかと弘子が笑った。少しだけ肉を焼いて、お父さんの仏前にお供えした。

ご近所さんが集まり、焼肉が始まった。

「持つべき友は、ご近所の若者じゃねぇ。」

そう言いながら骨付き肉を食べる仲のいいピーマン農家の奥さん。肉は本当に柔らかくて、お隣のお婆さんもイノシシ肉を堪能していた。

高原町は山間部にある町だといっても、猟師ではない住民がイノシシ肉を食べる機会はほとんどない。

「この骨付き肉、柔らかくておいしいね。もっとイノシシって硬いと思ってたよ。」

骨付きのリブロースは、あっという間になくなった。

「そういや、浩之君が育ててるナス、あれは上手にできたねぇ。栄養状態もいいし、花もめしべがちょうどいい長さだよ。」

昌美おっちゃんの指導のおかげで、ナスも無事に実っていた。剪枝をサボったため枝数がとんでもないことになっていたが、大形さんの堆肥がよかったらしく、太った実がたくさん枝に連なった。
「次に収穫したら、思いきって枝を一度落として、根っこもシャベルで掘って間引くと、いい秋ナスができるよ。2畝あるから時期をずらして1畝づつやれば、収穫が止まることがないぞ。」
　畑がまったく初心者の僕にプロの昌美おっちゃんのアドバイスはありがたい。実はこの方法をやったら、2ヵ月後にはナスが豊作になりすぎてうれしい悲鳴を上げた。
　この晩はなんだかんだで田舎にしては遅い9時すぎまで盛り上がり、愉快な時間をすごせた。まだ焼いていないお肉が余っていたので、お土産にと、皆さんへ帰り際に手渡した。
「イノシシを獲るとさ、みんなが笑顔になるよね。農家の人も喜んでくれるし、お肉を食べた人もおいしいって喜ぶし。狩猟していてこんなに感謝されるのはうれしいよね。」
　弘子の言うとおり、自分が人のためになっていることを実感した。

連日の捕獲
　翌朝、川平地区の見回りを終えた僕は、町の中心街を抜けて常盤台地区へ向かった。畑の脇に車を止め、罠を設置した谷側へ歩いていった。
　どうやら昨晩はイノシシが出なかったようだ。畑には新しい痕跡が見当たらなかった。前日捕獲した場所からは、700mほど離れている。もしかしたら罠を掛けたときに残った人の匂いをイノシシが察知して、警戒して侵入しなかったのかもしれない。
「まあ、忌避効果があったということだ。でもその内に慣れてまた来るだろう。」
　そう思って畑から竹やぶの中に入ると、ガサガサと音がして何かが動いた。なんだと思ってよく見ると、ワイヤーが木に絡まって身動きが取れないイノシシがもがいていた。
「は？掛けてまだ3日目だぞ！」
　嗅覚が優れたイノシシは、仕掛けたばかりの罠を容易に見破る。だから午後に雨が降るような日の午前中に仕掛け、できるだけ臭いを周囲と馴染ませる。
　おとといは晴れていたし、罠を掛けたのは夕方だ。罠を掛けるために土を掘った際

の臭いは間違いなく残っていたはずだ。
「それだけエサに執着してて、イノシシが油断してたってことか。」
　イノシシが身動きできないのを確認した僕は、ゆっくりと近づいて剣鉈で心臓を突いた。動かなくなったイノシシの足首から罠のワイヤーを外し、木に逆さまに吊して血抜きを行った。その間に車まで戻って雪ソリを持ってきた。放血が終わったイノシシを雪ソリに乗せて運び出す。
　車の近くで農家の方がこちらを見ていた。手を振ったあとに頭の上で大きく両手で丸を作った。獲れたことが伝わったようで、両手を上げて拍手してくれた。
「大変でしたね、これ水分補給。」
　汗まみれでイノシシを運んできた僕に、冷たいスポーツドリンクを差し入れしてくれた。昨日より少し大きい40kgほどの若いイノシシだが、全体的に丸みを帯びている。
「連日獲れるなんて驚きましたよ。1頭でもイノシシが減ってくれれば助かります。これからもお願いします。」
　実績を出したことで信頼してもらえたのか、所有する他の畑での捕獲対策もお願いされた。

「あ、またイノシシ獲れたんだけどさぁ、どうしようか。」
　弘子に電話を入れた。
「はい？　今日は出かける用事があるから、獲るなって言ったでしょうが。んで、脂のってそうなの？」
　ゲンキンな嫁さんだ。今日は昼すぎに弘子のおばあちゃんを隣町の病院へ連れて行く予定があって、弘子に解体を手伝ってもらえない。
　出発までまだ2時間半あるが、僕の技術では出発までにイノシシの解体と精肉処理が終わらないだろう。
「じゃあ、和田さんに相談してみるよ。」
　僕はその場で先輩猟師の和田さんに電話して、イノシシの解体を手伝っていただけませんかと、お願いしてみた。
「よかよ。二人でやれば時間もかからん。うちに持っておいでよ。」
　和田さんは快く引き受けてくれた。僕はすぐに和田さんの家に向かった。ベテラン猟師の技を学ぶまたとない機会だ。

第6章 ──みんなを笑顔にする仕事

先輩猟師の技に学ぶ

　和田嘉十郎(かじゅうろう)さんは高原町に暮らしている現役の凄腕猟師だ。高原町猟友会のなかで、毎年断トツの猟果を誇る。ご自宅の納屋の壁には、猟師の戦歴である立派な三段角のシカの骨格標本が、ずらりと飾られている。

　初めての猟期に入ってしばらくたった頃、僕は高原町と都城市の境にある御池の近くで獣道を見つけた。何本も走る獣道から本命を絞りきれず、道路脇で悩んでいた。すると一台の軽トラックが止まり、オレンジ色のベストを着たガタイのいい男性が運転席から降りてきた。

「見かけん顔じゃいね。もしかして毛鉤作ってる牧さんかな？」

　声をかけてくれたのが、当時、高原町猟友会の会長を務めていた和田さんだった。僕が猟場で最初に出会った猟師である。右も左も分からない新米猟師の僕に、近隣の猟場の事情を親切に教えてくれた。

「ここいらはシカが多いけど、イノシシも通りよるぞ。誰も罠を入れてないから、浩之君が掛けてみ。」

　そう言いながら和田さんが指差す先には、足跡がくっきりと残された獣道があった。初対面の僕にこころ優しく猟場

を譲ってくれたのだ。
　教えてもらった獣道に罠を掛けてから5日後の朝、大きなメスジカが掛かった。さらに翌日、隣の獣道に掛けた罠に、またもやシカが掛かった。獲物を連日捕獲したのは、この時が初めてだった。
　でもイノシシに関する知識と経験が乏しかった僕には、和田さんに教えていただいたこの猟場で、結局イノシシを捕獲することができなかった。
「まだ足元にも及ばないけど、獲ったイノシシを和田さんにお披露目できるようになったんだな。」
　イノシシが獲れずに悩んでいた初年度のことを思い出すと、自分が猟師として成長した実感がわいてきた。胸を張るような大物ではなくても、和田さんと獲物を共有できることが嬉しかった。

イノシシの湯引き処理
　和田さんのお宅に到着すると、もう解体の準備が整っていた。
「おお、よか大きさじゃ。柔かそうで、ちょうどよか肉が採れそうじゃね。」
　荷台からイノシシを降ろして解体場まで運び、役場提出用の写真を撮って、しっぽを切り離した。

　僕はこれまでイノシシの毛は焼いて処理していたが、和田さんはボイラーの湯をかけて湯引き処理する。
「かけ過ぎると煮えちゃって、逆に毛が剥がれなくなるからね。気をつけて。」
　ホースから出るお湯の温度は75度ほどにして、肉に熱が入らないように気を使いながらかけていく。お湯をかけた部分を草カキでこそぐと、ズルズルと毛と薄皮が剥がれていった。
　火で焼く場合は皮膚の中に毛根が残ってしまうが、湯引きだと熱で毛穴が開いて、根元から毛が抜ける。処理のスピードもずっと速く、みるみるうちにイノシシは真っ白になっていった。
「時間もかからないし、焼くよりきれいにできますね。うちにもボイラー付けなくちゃ。」
　湯引きをやってみたことがあるが、給湯器の設定が60度までで、毛を剥がすには温度が足りず、イノシシを温めるばかりであきらめていた。毛を焼くと焦げ臭さがあるし、根も残る。できれば湯引きしたいと前から思っていた。
「うちのは普通のガス給湯器だよ。浩之君の家はガス給湯じゃなかと？」
　和田さんが指差した先には、我が家の

給湯器と同じリモコンが壁についていた。ということは、我が家の給湯器でもイノシシの毛を剥くのに十分な温度の湯を出せるのだろうか？

「60度以上にするには長押しすればよかよ。帰ったらやってみな。」

そんな裏技があったとは僕は全然知らなかった。

熟練の技

毛剥きが終わると、ナイフで細かい毛を剃っていく。イノシシの皮膚に刃が入らないように、微妙な力加減で剃いでいった。

和田さんは、真っ白になったイノシシを仰向けに寝かせ、三角形の薪を背中の両側に敷いた。すると手を離してもイノシシが動かない。すごく理にかなった方法だ。これなら一人でも内臓の摘出ができる。

内臓の摘出は、イノシシの頭を落とすところから始まる。和田さんがイノシシの耳の後ろあたりから首の骨にかけて解体包丁をひと回りさせた後に、ぐるりと頭をひねると、簡単に頭部が外れた。

「夏のイノシシなのに脂のってるな。」

イノシシの首を落とすと真っ白な脂の層が皮の下に入っていた。昨日捕獲したイノシシより脂のりがいい。

断面ののど元から内臓を傷つけないように腹部を開き、骨盤を手斧で割って、一気に内臓を摘出した。流れるような和田さんの動きに僕は見とれていた。

「皮についた血は、こまめに洗わんといかんぞ。染みると取れなくなって、臭みの元になっちゃうから。」

体表と腹腔内をきれいに洗って水気を取ったら、そのまま精肉作業に入る。イノシシを台に乗せ、まずは背骨を中心に半分に切り分けていく。

「ここの関節の継ぎ目に刃先を入れれば、骨は簡単に外れるよ。」

和田さんが胸骨と肋骨の継ぎ目に包丁を入れると、すんなりと骨が外れた。背骨と肋骨も同じように簡単に外れ、イノシシが真っ二つになった。

今まで僕は、力技で無理やり左右に開いて骨を折っていた。まさに熟練の職人技、正確で迅速な和田さんの包丁さばきには息をのむしかなかった。

和田さんは説明してくれながら、軽やかに肉をさばいていく。背骨に沿って包丁を入れ、大腿骨もあっさりと外した。

足首も関節に沿って包丁を入れると、

軽くねじっただけで簡単に外れた。魚で言うところの三枚おろしのように、イノシシが背骨を中心に二分割された。
「包丁はよく研いどかんとな。モモ肉やウデ肉をばらす時は、肉と肉の境目に包丁を入れてはがしていく感じ。」

猟師の包丁

シカの場合は、さばいた外側から肉の境目に沿ってナイフを入れれば肉を外せるが、イノシシは内側から精肉していく。外側には脂と皮があって肉との境目が分からないからだ。

僕は和田さんの手の動きを見ながら、持っていた自分のナイフで挑戦した。
「解体包丁持っとらんのけ？ いつものナイフでやってたんか。」
和田さんが僕のナイフを手にとって、しげしげと眺めた。
「こげな刃物で、ようできたな。やりにくくなかとね？ 浩之君の使ってるナイフはちゃんと研げてるけど、刃付けが解体用とは違う。切るより刺すって感じじゃね。止め刺しで肩脇から心臓を狙うにはいいけど、喉元から刺すには短いなぁ。」
そう言いながら、ご自分が使っていたのと同じ包丁を手渡してくれた。僕のナイフは両刃だが、和田さんの解体包丁は片刃だった。刃渡りは10cm程度で、刃の形状は直角三角形だ。
「なんだこれ！ 肉が勝手に切れていきますよ！」
刃先で肉に触れて軽く引くだけで、簡単に肉が切り分けられる。僕が今まで使っていたナイフとは、切れ味が全く違った。
「刃物にもそれぞれ得意不得意があるからね。使い分けは大事だよ。」
刃物を替えただけで解体速度と精度が格段に上がった。和田さんの作業を見よう見まねで追いかけ、大腿骨をモモから外していった。
「あぁ、大形さんから最初にシカのさばき方を教わった時を思い出します。」
「一夫君かね。一夫君とはよく一緒に猟へ行ったもんじゃ。浩之君は一夫君から、いい猟場を受け継いだね。大事にせんといかんよ。」
移住直後の僕を狩猟に誘ってくれた師匠の大形一夫さんと和田さんは、親しい狩猟仲間だった。和田さんから大形さんとの昔話を聞きながら、イノシシ肉を部位ごとに切り分けていった。

あの林道のカーブにはイノシシが必ず通る道があるとか、僕が知らない猟場の情報も惜しげもなく教えてくれた。
　イノシシの解体から精肉まで、たったの1時間半で終わった。

よか嫁さん
「嫁さんがいたら横で宴会始めるから、精肉に時間かかってしょうがないです。炭火おこしてビール飲みながら、そこの肉切れとかうるさいんですよ。首のおいしいお肉なんて独り占めですよ。」
　最近すっかり狩猟に慣れてきた弘子は、獲物の解体にも動じず、山の恵みを楽しむようになっていた。特にイノシシの味を覚えてしまった。精肉途中だろうがお構いなしに、おいしい部位を指定して僕に肉を切らせ、勝手に七輪で焼いて脇で食べるのだ。
「よか嫁さんじゃないか。なかなか狩猟を理解してくれる女の人はおらんよ？」
　豪快な弘子は先輩猟師さんたちにはどうも高評価である。でも和田さんが褒めていたとは弘子には言えない。調子に乗った鬼嫁ほど恐ろしいものはない。
　肉を袋に分け入れ、全ての作業が終わると、遠慮する和田さんにお肉を押しつけた。大先輩の現役猟師さんにお福わけするのは初めてだ。
　先輩猟師に自分の獲物をふるまうのが僕の憧れだったんですと言うと、それならと受け取ってくれた。
　正直、うれしかった。
「また一緒にやろう。獲れたらいつでも持ってきていいよ。こっちでもイノシシが獲れたら手伝ってもらわにゃな。それと、この包丁持っていきな。」
　夏にしては上等のイノシシが獲れたお祝いだと言って、和田さんは先ほどまで使っていた年季の入った解体包丁をくださった。ありがたくちょうだいした。
　この日以降、僕は和田さんとお互いの獲物を一緒に解体する機会が増えた。
　今まで獲物が獲れると、僕は自分流のやり方で、弘子と二人で必死になって解体していた。
　尊敬できる先輩猟師さんと狩りの話題で盛り上がりながら、獲物を解体するのは勉強になるし、最高に楽しい。
　自分も腕のいい猟師の仲間入りをさせてもらえた気分になる。

鬼嫁と呼ばれて

第6章 みんなを笑顔にする仕事

妻の弘子は狩猟はやらないが、僕の狩りに同行することがある。気持ちがあけっぴろげで人なつっこいうえ、男勝りの性格だから、現場で他の猟師さんに会うと初対面でもすぐに打ちとける。

「浩之君のところは、嫁さんの理解があってうらやましいなぁ。」

獲物の解体は奥さんから見えないように隠れてする猟師さんが多い。その点、解体を手伝ってくれる弘子は、猟師さんの間では、かなり評判がよろしい。

「いやぁ、でも大変ですよ。なにしろ猟期中は手ぶらで帰ると玄関を開けてもらえないんです。晩のおかずになるか、毛鉤の材料になる獲物がないと、本当に追い返されるんですよ。」

我が家では鳥撃ちが解禁になる11月15日から2月15日までは、手ぶらで家に帰れない。銃猟を始めた頃、あまりにも猟果が少なくて怒った弘子が、嫁ルールを決めた。家に入れないと困るから、僕は必死で狩りをする。おかげでまだホームレスにはなっていない。

和田さんのお気に入り

イノシシが獲れると、解体する僕の横で七輪に炭火をおこし、ビール片手にシシ肉

を焼いて一人宴会する弘子の話は、地元の猟師さんたちによく知られている。

先輩猟師さんたちは弘子をすっかり面白がって、獲物のお福わけをすると、
「弘子ちゃんの食べる分のお肉がなくなっちゃわないかい。」
とからかってくる。ふだん僕がお世話になっているお礼ですから、お返しはせんでくださいと念を入れるのだが、
「これ、弘子ちゃんに飲ませてあげて。」
お返しは決まってビールだ。ちなみに猟師になってから僕はお酒を一滴も飲んでいないことを先輩方は知っている。

獲ったの僕、さばいたの僕、食ったの嫁。なぜじゃあ、と叫びたくなる。最後に笑うのは、いつも弘子である。

和田さんの家で解体をお手伝いする時には、弘子も来る。和田さんのお宅にはムーちゃんというボーダーコリー犬がいて、犬好きの弘子はいつも一緒に遊んでいる。和田さんから、弘子の好物の希少なシシの首ロース（カシラ肉）を丸々いただくこともある。和田さんは弘子のことが僕よりもお気に入りのようだ。

高原町猟友会の親睦会では、
「二次会にはぜひ弘子ちゃんを呼ぼう。」
と先輩たちが誘ってくださった。

ニコニコ顔でやって来た弘子は
「旦那に遠慮せずたくさん飲め飲め。」
と皆さんからビールをおごってもらってご満悦だった。

猟師でもないのに猟師の先輩方から僕以上にかわいがられる弘子に、正直嫉妬する気持ちもあるが、先輩たちとのあいだの潤滑油のような役割をしてくれる弘子には感謝している。

いい羽生えてる？

今はすっかり〝猟師の嫁〟が板についた弘子も、僕が狩猟を始めた頃は獲物を見るのも怖がっていた。

山の恵みのおいしさとありがたさを知ってからは、山からの引き出しや解体も手伝ってくれる。弘子に助けられることは多い。

特にエアライフルでのカモの狙撃猟では、弘子がいるととても助かる。狙撃した獲物が対岸に引っかかったり、物影に隠れたりした時は、獲物を捜す僕に、離れた位置から弘子が獲物の位置を教えてくれる。

見事、撃ち落としたカモを軽トラックの荷台に載せると、まず二人でカモの臀部の羽をめくり上げる。

尾脂腺を覆うように生えているCDCは毛鉤の素材にとても人気がある。獲った端から、いい値段で売れていく。
「どう？　いいケツ毛生えてる？」
「バッチリ。かなり上モノがそろってる。」
　冬の河原でこんな会話をしているのは僕ら夫婦だけだろう。
　ただ、猟場でも厳しい嫁ルールがある。藪にカモが落ちて行方不明になったりすると、見つけるまで車の鍵を開けてもらえない。
　テトラポッドの隙間に半矢のカモが落ちて、回収しようと近づいた時に復活して飛ばれようものなら、容赦なく弘子のば声が飛んでくる。

家族の生活を背負う狩り

　高原町に生まれ育ち、東京の大学を卒業して都内の金融機関で働いていた弘子を、僕がなかば無理やり説得して田舎へ連れ戻し、Iターンで婿入りした。
　周りからはいつも夫婦漫才しているみたいだと言われるが、何度となく衝突してきた。あまりに家計が苦しくて光熱費の支払いすら滞りがちで、いいかげんなんとかならないのかと、弘子にきつく言われたことがある。

　不猟が続いていた僕は自分のふがいなさのあまり、だったら狩猟も毛鉤職人もやめて俺が地元へ働きに出るよと、思ってもいないことを、口にした。
「なんのために宮崎へ来たの。自分が納得いくまでちゃんとやりなよ！」
　本気で怒っている弘子を見たのはあの時が初めてだった。
　今でも弘子に苦労をかけてばかりで、思うように稼げない自分が情けない。普通ならこんな頼りない旦那なんて、あっさり離婚されてしまうだろう。それでも二人で話し合い、やりたいことだから、がんばろうよと弘子は言ってくれる。
　僕は趣味の狩猟者ではなく、職業猟師だ。獲物を獲ってなんぼの世界に生きている。自分の狩りが家族の生活を背負っているという自覚をもって、山を歩き、川に入り、藪を這いずり回る。
　弘子を少しでも楽にしてやりたいという気持ちがあるからこそ、スコープ越しに見えるカモの頭へ、確実に弾を撃ち込みたい。
　と言いながら、今日のカモ猟では見事にアオクビを撃ち損じてしまった。帰ったら弘子にどやしつけられるのは間違いない。ああ。

作業場の梁に滑車を取りつけ、シカを吊り下げて解体を行う。先輩猟師の和田さんに教えられ、軽トラックにロープを固定してから引っ張ると、簡単にシカを吊ることができた

狩りの引き出し

第6章 みんなを笑顔にする仕事

僕が持っている狩猟免許は、わな猟と第一種銃猟だ。わな猟では鳥類の捕獲が許可されていないから、散弾銃かエアライフルで射獲する。

カモ猟では羽や肉が痛まないように、エアライフルで頭部を狙撃することが多い。けれど着弾点がずれて獲物が痛むこともあるし、回収に手間取ってしまい、血抜きが不十分になることもある。羽が川の水に長時間浸されてビショビショに濡れると、品質も落ちる。

エアライフルでは、ひとつの群れに対しての射撃チャンスは一度きりだ。うまく射獲できてもたった一羽。弾を外せば、群れ全体が飛び去ってしまう。

「今季みたいな不猟のことを考えると、やっぱりアレしかないか。」

狙った個体だけを捕獲するのではなく、カモの群れを丸ごと捕獲する方法がある。網猟だ。

網猟の狩猟免許があれば、狩猟用の網を使って鳥類の捕獲ができる。

網猟免許が必要だ

網猟で使える捕獲網にはいくつかの種類があって、僕が目をつけたのは「無双網（むそうあみ）」というものだ。

あらかじめ地面に網を寝かせておき、自分は離れて隠れていて、獲物が網の範囲に入ったらワイヤーを引っ張る。テコの原理で網が起き上がり、獲物にかぶさって捕獲する。

大きいものでは4ｍ×20ｍもの規模があり、田んぼに降りているカモを一網打尽にするらしい。そこまで大きくなくて半分の大きさでも、川辺で休んでいるカモを10羽程度狙うなら充分だ。

「網猟なら羽も肉も痛めないで、一度に大量捕獲できるぞ。」

僕は網猟免許の試験を受けることに決めた。カモの着き場に網を仕掛けられれば、今までとは比較できないくらい捕獲数を伸ばせるだろう。

有害鳥獣対策でも、網猟という選択肢が増えるのはいいことだ。散弾銃が使えない場所で、カラスやドバトを捕獲できる。僕にとって、網猟狩猟免許はむしろ絶対に必要だと確信した。

さっそく僕は隣町にある銃砲店へ行き、受験の申し込み書類をいただいた。

「え？ 今度は網猟ですか？ 網猟免許を持っているのは佐土原の投げ網をやる人だけですよ。」

佐土原の投げ網とは、宮崎市内の一ツ瀬川河口巨田池で、江戸時代から行なわれている伝統猟法だ。三角に組んだ竹に網を張った「越網」を投げて、カモを捕まえる。宮崎県の無形民俗文化財に指定されている。

やっぱりと思った。網猟ではノウサギ以外の獣類の捕獲は許可されていない。ほぼ鳥類を獲ることに特化した猟法だ。銃猟でも鳥撃ちをやる人は減っている。全国的にも網猟免許の所持者が極端に少ないのは知っていた。

自宅に戻って申込み用紙に記入しながら、受かった後のことを考えた。

「うーん。試験に受かっても教わる人がいないかもしれないな。インターネットで調べれば、なんとかなるだろうか。」

僕は、罠猟も最初は誰にも教わることなく始めた。それでも何とか最初の一頭を捕獲したのだから、網猟もなんとかなりそうな気がした。

翌日には申込み書類を揃えて農林振興局に提出した。

さっぱり分からない

狩猟免許の試験では、最初に知識試験をパスしなければならない。わな猟と第一種銃猟免許を持つ僕は、ほとんどの

問題が免除になった。網猟の猟具に関する問題だけを受ければいい。これは狩猟読本に書いてあるので楽勝だ。興味のあることだから、すんなりと覚えられた。

知識試験をパスすれば、鳥獣判別と猟具判別試験、技術試験を受ける。

鳥獣判別試験は、第一種銃猟の試験よりも出題範囲が狭いので問題ない。猟具判別は室内で行われる。とにかく法定猟具を覚えることだ。基本的に、固定されて張りっ放しになっている網は違法だ。

問題は技術試験だ。小型の無双網を架設するのが課題だが、じつは僕は無双網の現物を見たことも、触ったこともないのである。

「まいったな。誰もやってる人がいないんじゃあ、講習会へ行くしかないかな。」

狩猟免許試験がある夏になると、県の猟友会が予備講習会を開催する。次の予備講習は宮崎市内で開催されるとのことだった。

おそらく網猟免許を受験するのは僕一人だろうし、実技だけを教わりに、片道1時間をかけて宮崎市内まで行くのはちょっとたいへんだ。

インターネットで検索すると、他県での講習会の様子が動画で公開されていた。「これ見れば大丈夫じゃないかな。」

動画では猟友会の方らしき男性が、無双網の架設の手順をていねいに説明していた。動画を何度も見直して、架設手順を頭に叩き込んだ。

迷いの三段角

僕が住んでいる高原町の後川内(うしろかわうち)地区には、もともとシカは生息していない。隣町との境を流れている岩瀬川沿いを歩いてくる迷いジカが、時折姿を見せる程度だ。ところが最近、どうもシカの流入が増えてきているようだ。

両側がコンクリート護岸された斜面に挟まれた広域農道で、一箇所だけ両サイドがなだらかで、護岸されていない区間がある。くっきりとした獣道が3本走っていた。捕獲対策を依頼されて、僕は3本全部に罠を設置してみた。

岩瀬川沿いを歩いてきた獣は、地形的にこの場所を渡るしかない。ここを完全に封鎖してしまえば、獣の侵入を防げると考えた。

獣道にはイノシシの足跡がくっきりと残っている。獲れるのは時間の問題だ。

案の定、獲物がかかるのに、設置から1週間もかからなかった。

道路から杉林に入ると、埋設していた罠の一部が剥き出しになっていた。地面は下草がなぎ倒されて、罠に掛かった獲物が暴れた形跡がある。藪の中でなにかが動いた。

相手がイノシシなら反撃してくる。僕は獲物の動ける範囲を想定しながら、距離を保って斜面の上に迂回した。斜面の下から獲物に近づくのは危険だ。上から突進されると勢いがつき、ワイヤーが張った瞬間に獲物の足が切れることがある。そのまま突っ込まれれば、人間なんて簡単に返り討ちにされる。

ゆっくりと斜面を上がり、罠を確認したら、予想もしなかった獲物が掛かっていた。

「なんでここにシカがいるんだ！ それも三段角じゃないか。」

迷いジカだけなら、それほど驚かない。しかし掛かったのは、三段に分かれた立派な角を生やしたオスで、ハーレムを形成するほどの大型の個体だった。

オスが多くのメスを連れて歩き始める季節なので、これは大問題だった。ハーレムの群れごと侵入して、新しい土地で繁殖する恐れがあるからだ。

僕はすぐにシカを止め撃ちし、頭部を斜面の下側に置いて放血を行った。血を抜いている間に他の獣道を確認した。もし群れで来たなら、オスが罠に掛かったことに驚いて、メスたちは別の道を駆け上がっているはずだ。

不安になりながら獣道を観察すると、新しい足跡は見当たらなかった。だが安心はできない。驚いたシカたちが、もと来た道へ引き返した可能性もある。

道路を挟んだ反対側の獣道も確認したが、戻った足跡は見当たらなかった。

「やっぱり迷いジカだったのかな？」

シカを引き出して軽トラックに積み込んでいると、顔見知りの地元の農家の方が通りかかった。

「おぉ？ 獲れよったか！ こげな立派なシカがおっとね？ こんなん立派なの見たことなかよ。」

侵入を食い止める

もう何十年もここに住んでいるが、立派な角が生えたオスジカを見たことがないと言う。迷いジカは一年に数頭獲れるが、どれもメスジカや、若いシカだという。

「やっぱり偶然なのかなあ。数が爆発的に増えて、大型の個体がこっちまで周って来ている気がするんだけど。」

僕の予感は的中していた。

捕獲班の地区班長さんに三段角のオスジカが掛かったことを連絡すると、あわてて現場まで飛んできた。班長さんは荷台に積んだオスジカを見て、あ然としていた。長年猟場にしてきた猟師さんですら、この地区で三段角のオスを見たことがなかったのだ。

「間違いなく生息域がひろがっているんだ。なんとしてもここで食い止めないと。浩之君には引き続き、この場所をお願いしてもいい？　自分は川沿いを見て、新しい罠を入れておくよ。」

鳥獣被害対策における捕獲は、農作物の被害を食い止めるだけではない。増え続ける一方のシカやイノシシの生息圏がこれ以上広がらぬよう、侵入を食い止めることも必要だ。幸い、この場所は侵入経路が絞られているので対策をとりやすい。経路が複数あると獣の流入を防ぐのは非常に困難だ。

2週間後、今度は左端の獣道でシカが掛かった。またもや三段角のオスジカだった。やはり岩瀬川の上下流から、増えたシカが流入してきている。

獲れたオスの角の色は、霧島連山に生息するものよりも茶色くて、白い部分の面積が少なかった。これは熊本との県境にある小林市の須木村で獲れるシカと同じ特徴だ。

山伝いに移動してきたシカは、岩瀬川の浅場を渡り、川沿いをくだって後川内地区に移動してきたのだろう。

「忙しくなるぞ。イネも実り始めるし、トウモロコシもまだ多いからなぁ。」

畜産が盛んな地区でもあるので、飼料用の作物がたくさん栽培されている。もともといるイノシシから作物を守りつつ、シカとイノシシの新たな侵入も防がなければならない。鳥獣被害対策は想像を超えて大変な仕事だ。

損得じゃない

シカやイノシシによる農作物への被害は頻繁に話題になるが、その他の鳥獣による農作物への被害も侮れない。

高原町の有害鳥獣捕獲対策では、成果により報奨金が支払われる。シカとイノシシ、サルは一頭あたりの金額が大きい。そのためかシカとイノシシを捕獲する班員が多く、カラスやアナグマ、ドバトな

どを捕獲する人が少ないのが現状だ。

　有害鳥獣捕獲対策は遊びの狩りではないし、報奨金額でえり好みをするべきではない。駆除は猟師にとっての好き嫌いや損得ではなくて、あくまで農林畜産家を手助けするのが目的だ。

　僕は駆除要請があれば、どんな加害鳥獣でもできる限りの対策をとる。

「ハトやらアナグマが被害出しても、なかなか来てもらえんくてなぁ。浩之君が来てくれるようになってから、本当に被害が減ったんだよ。ありがとうなぁ。」

　農畜産家の方からかけられる言葉がありがたい。駆除班員の意識を変えていかなければいけないとも思う。

　農畜産家さんからの依頼へまじめに対応し続けていたら、僕に直接駆除依頼が入ることも増えた。ある時、ノウサギの捕獲要請を受けた。

「牧草を植えたんだけど、ノウサギが食べちゃってよ。隣のダイコンも葉をかじられちゃって、どうしようもなくてな。なんとか獲ってもらえんか？」

ノウサギのくくり罠

　毛鉤の素材では定番のノウサギは、これまでも狩りを試みていた。草の若芽を好んで食べるノウサギは、箱罠での捕獲が難しい。寄せ餌に何を使っていいかもよく分からなかった。

　3羽だけ捕獲したことがあるが、それらはたまたま餌場に出ていた個体を、エアライフルでこっそり狙撃したものだ。

　ノウサギを確実に狙って獲るには、どうしたらいいのだろう。

　出没地帯へこまめに通って遭遇するのを期待するくらいしか思い浮かばなかったが、ノウサギは夜間に活動することが多いので効率的ではない。夜間の銃猟は禁止されている。やはり罠による捕獲しかなさそうだ。インターネットで調べてみたけれど、餌でおびき寄せる方法が見つからなかった。

　困り果てて、和田さんに相談した。

「ノウサギは簡単だよ？　針金でくくりわなを作って、ノウサギの通り道に仕掛けておけば掛かるよ。」

　和田さんはさらりと教えてくれ、気軽にノウサギ用のくくり罠を作ってくれた。

　ノウサギ用のくくり罠は鉄製のバネを使わない。木の枝をバネ代わりに使う跳ね上げ型や、鳥居を作って輪をくぐらせる鳥居型などがある。和田さんが教えてくれた罠はもっともシンプルな

ひきずり型だった。

「輪の大きさは、こぶしが余裕で入るくらいにして、地面から10cmくらい上げて輪を掛けておくんだ。ウサギの頭の位置だな。ノウサギが輪をくぐると体に引っかかるから、逃げようとすると輪が絞まって掛かるって仕組みだよ。」

和田さんが教えてくれた罠は、狩猟読本にも出ているノウサギの首や胴体をくくって捕らえるものだったが、僕は試したことがなかった。

豪雪地なら雪の上に青菜を置いておけばノウサギをおびき寄せられるが、冬季でも若草が生えている宮崎では、エサでの誘引率は低いだろう。

和田さんが作ってくれたくくり罠を、ノウサギの通り道を探して仕掛けた。

「やっぱり猟法の引き出しが多いと、色々な状況に対応できるなあ。」

通常の猟期中は、自分が狙った獲物を自分のやりたい猟法で追いかけていればいいが、鳥獣被害対策では被害を受けている方の要請に沿った鳥獣を、できるだけ早く確実に捕獲しなければならない。

僕は猟師としての経験をもっともっと積まないといけない。

猟師の手札

網猟狩猟免許の結果が出た。朝一番に県のホームページを確認すると、僕の受験番号1001番が合格者リストにあった。網猟狩猟免許を取得し、晴れて僕はすべての猟法を行えるようになった。

網猟をやる一番の目的はカモ類を効率よく捕獲することだが、有害鳥獣捕獲でも有効のはずだ。

銃猟ができない場所でも網猟なら可能だし、銃の発砲音で家畜を驚かせたくない畜産家さんにも喜ばれるだろう。

宮崎県猟友会の広報誌によると、2015年度の県内の網猟の登録者数は15名だった。佐土原投げ網が行われる宮崎北地区以外での網猟登録者は、もしかしたら僕一人かもしれない。

僕がやろうとしている無双網は、群れで寄ってきたカモを、羽も肉も痛めずに捕獲できる。毛鉤用の羽はたくさん獲った中から、後でじっくり選別すればいい。

僕にとっては理想的な猟法だ。

近年の狩猟はイノシシとシカが主な対象で、わな猟や猟犬を使った巻き狩りが主流だ。カモ類やキジなどの鳥類を狙う狩猟者もいるが、エアライフルや

散弾銃による銃猟だ。商売でもない限り、捕獲後の処理を考えれば、自分たちが食べる分だけ獲れれば十分だ。

「そげな猟法があっとね？ そりゃカラスやドバトにゃよかね。銃声に牛が驚くと乳出さんくなるけ、音が出ん網で獲れりゃ助かっとね。」

乳牛を養っている知り合いの畜産家さんに網猟免許を取ったことを報告した。ドバトやカラスをエサをまいておびき寄せておき、静かに大量捕獲できる。

猟師の手札が多いほど、対応できるケースも幅広くなる。網猟狩猟免許は僕にとって大きな武器になるはずだ。

和田さんに教わって仕掛けたノウサギの罠だが、5日後に待望の獲物が掛かった。だが、そこにはノウサギの姿は無かった。あるのは無残に散らばった、ノウサギの毛だった。罠をくくりつけていた丸節竹の周囲の草がなぎ倒され、ところどころに血痕が残されていた。

「やられた！タヌキかキツネの仕業だな」

せっかくノウサギが罠に掛かったのに、肉食動物に横取りされてしまったのだ。足跡からしてタヌキの可能性があったので、同じ場所に再び同じ罠を仕掛けた。そして1週間後、予想通りにタヌキが掛かっていた。裏手には養鶏場がある。おそらくニワトリを狙っていたヤツだろう。

和田さんのおかげで、ノウサギも狙って捕獲できるようになった。罠に掛かったノウサギは肉食動物にとって格好の餌で、横取りされることが多い。ノウサギの罠は見回りを早めにして、動物より先に、僕がいただくことにしている。

無双網を自作しようと、ホームセンターで園芸ネットを買ってきたが、網がかたくて獲物がからまず、簡単に逃げられそうだった。園芸ネット案は没になった

イノシシ2頭獲り

第6章 みんなを笑顔にする仕事

その日は大形さんの命日だった。

朝、いつものように自宅の神棚へごあいさつしてから、罠の見回りへ出かけた。

大形さんと出会ったことで僕は狩猟を始め、まがりなりにも5年間を職業猟師として暮らしてきた。

高原町の有害鳥獣捕獲班にも入った。今は地域の農畜産家さん方に頼られて、鳥獣被害対策に山を走り回る毎日だ。

「縁ってのは不思議だよなぁ。大形さんと知り合っていなかったら、どんな人生を送ってたんだろうか。東京に引き返してたかもしれないよなぁ。」

狙い的中

そんなことをぼんやりと考えながら、地元地区に仕掛けた罠の見回りをしていた。古参竹（ホテイチクの南九州での呼び名）が覆い茂るヤブと杉林を隔てる細い農道で、イノシシが必ず通る〝渡り〟のあるポイントだ。

杉林の下に広がる田んぼにイノシシが出たという依頼で、1週間ほど前から罠を増設していた。イノシシの痕跡を求めて道路脇を確認しながら軽トラックを進めていると、バキバキ！と枝を踏み折る音がした。

竹ヤブの中に仕掛けた罠に、黒くて丸い物体が動いた。イノシシだ。
「狙い通りに掛かったな！」
　いったんイノシシをやり過ごし、少し先の道路脇のスペースに軽トラックを止めた。
　止め撃ちと引き出しの準備をして、イノシシが掛かった場所に歩いて戻ると、なんだか様子がおかしい。
「あれ？　掛かってたのここだっけ？　もう少し下だったと思うけど…。」
　さっきイノシシを見つけたのとは違う場所で、イノシシが僕に睨みをきかせているのだ。僕が興奮していて勘違いしたのかな。そう思いながら、最初に確認したはずの罠をもう一度見た。…！
　僕はその場で弘子に電話を入れた。
「ちょっと手伝いに来て！　2頭掛かってるわ！」
　なんと2頭のイノシシを同時に捕獲していた。乙守さんに教わった方法が見事に的中した。
　獣道に掛けた罠にイノシシが掛かると、他のイノシシたちは驚いて、別の獣道へ走って逃げる。そこで罠を仕掛けた獣道の近くの、別の獣道に罠をもう一基仕掛けておけば、迂回したイノシシが掛かる可能性があるのだと、乙守さんに教えられた。
　まさに最初にイノシシが掛かった罠の手前から、別の獣道へイノシシの群れが走った足跡が残っていた。
　2頭のイノシシを止め撃ちし、逆さに吊して血抜きをしていると、弘子が到着した。
「一日に2頭もイノシシ獲ったの初めてじゃない？　大形さんが追い込んでくれたのかもねぇ。最近シカ肉ばっかりだったから、大形さんの奥さんにシシ肉持っていきなさいってことだよ。」
　大形さんの命日にイノシシが2頭も掛かったことに、弘子も驚いていた。
「さすがにイノシシ2頭はうちらだけじゃ太刀打ちできないや。和田さんにお願いして、解体を手伝ってもらおう。」

一緒にがんばろう
　有害鳥獣捕獲では自分の活動範囲の近くに、他の猟師を近寄らせたがらない猟師もいる。国有林や町有林でさえ、縄張りを主張する猟師もいる始末だ。
　農畜産家のための税金を使った事業なのに、自分の目先の金もうけで取り組むのは、なさけないと思う。

和田さんは鳥獣捕獲対策班に長年参加している。僕は和田さんが担当している地区にも、捕獲対策のくくり罠を掛けさせてもらっている。
　和田さんの担当地区に暮らす畜産家さんから、シカとイノシシ対策を僕が依頼された時、和田さんへ挨拶に行った。和田さんは一緒に頑張ろうよと、僕をあたたかく迎えてくれた。そればかりか通い慣れた猟場だからと、獣の動き方や獣道の位置をくわしく教えてくれた。
「この先の獣道に、新しい足跡があったから掛けてみなよ。」
　猟師なら誰でもよだれが出るような、新鮮な足跡が多く残された獣道を、僕に譲ってくれることも多い。罠の設置についても、ベテラン猟師ならではの経験から得たコツと知識を教えてくれる。
「みんなで協力して獲っていかんと、被害は減らんからな。」
　鳥獣被害防止と農畜産家さんのことを第一に考えて活動する凄腕猟師の和田さんを、僕は心から尊敬している。

もしかしたら

　高原町へ移住してきた僕は、大形さんに出会って狩猟を始めた。大形さんが亡くなってからは、大形さんの師匠の乙守さんに教わって猟期を過ごした。
　有害鳥獣の捕獲対策に携わるようになって、和田さんという師匠ができた。和田さんは生前の大形さんと仲のいい狩猟仲間だった。
　思えば乙守さんも和田さんも、大形さんと繋がっていた。僕は不思議な縁を感じていた。もしかしたらぜんぶ大形さんが繋げてくれたのかもしれない。
　もし大形さんが生きていたら、今日の僕の２頭獲りの成果をどんな風に喜んでくれただろう。
　大形さんと山へ行けなかったのは心残りだが、今の僕には、僕の狩りの獲物を喜んでくれる人たちが大勢いる。家族、先輩猟師さん、ご近所さん、友人、毛鉤釣りのお客さん、鳥獣被害に困っている農林畜産家の方々――。
「とうとう同じ場所で、イノシシを２頭同時に捕獲するまで成長しましたよ。」
　お宅へイノシシ肉を届けたあと、大形さんの墓前で手を合わせながら、心の中でつぶやいた。

捕獲対策をお願いされた農家さん、家族、ご近所の方たちと、田んぼを荒らしていたイノシシの七輪焼を楽しんだ。今年はコメが豊作だよと、農家さんが新米を差し入れてくださった。最高においしい。弘子の箸の勢いがすごい

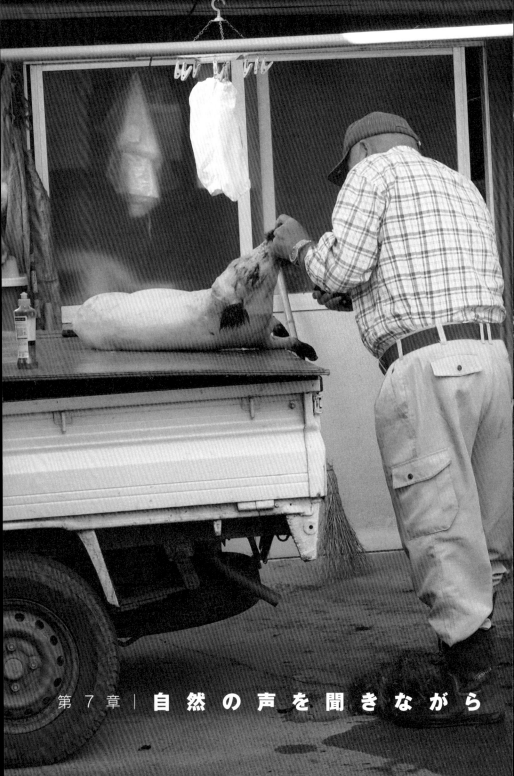

第7章 | 自然の声を聞きながら

第7章 自然の声を聞きながら

僕にしかできない仕事がある

　10月になると、ホームセンターの一角にシイタケ栽培用品の特設コーナーができる。秋はシイタケ、シメジ、ナメコなどのキノコを育て始める時期だ。
「前回はコマ打ちが遅かったから、今年は早めにやっちゃおう。」
　弘子と一緒に原木の品定めをした。キノコの菌を打ちつける原木は、クヌギやコナラなどの広葉樹が一般的だ。ホダ木の寿命は5年を目安に、毎年新しい原木を10本ほどずつ追加する。
「じゅんばぁのタレ」はベースの出汁に大量のシイタケを使う。おいしさでもコスト面でも、シイタケの自家栽培は必須だ。
「うーん、ちょっと考えちゃう金額だ。」
　原木は1本1200円となかなかの金額だった。商売用とはいえ、すんなり出せる金額ではない。
　キノコの原木は畑の土のようなものだ。菌を繁殖させたコマは買うしかないが、原木はなんとかなるかも知れないと思った。
「スギをもらう山に雑木が混じっていたから、切っていいか聞いてみるよ。原木にできるかもしれない。」

薪は生活必需品

我が家の暮らしに薪(マキ)は欠かせない燃料だ。狩猟と生活が密着している我が家では薪を使う機会は本当に多い。

獲物のイノシシの骨やカモのガラは薪ストーブで丸一日煮込んで、出汁をとる。薪でガンガン煮込むと、とても濃厚なスープを得られる。ペットボトルに小分けして封をして冷凍すれば、いつでも最高の出汁を楽しめる。

とくにカモ出汁はご近所さんや先輩猟師さんに大好評だ。褒められると調子に乗って配ってしまい、すぐになくなってしまう。

三段角のオスジカが獲れると、頭部を薪ストーブで半日煮込んで骨格標本を作るのは、猟師のたしなみである。強火で長時間炊き上げれば骨から肉をきれいに剥離できる。

家にはかまどが2つある。ひとつは「じゅんばぁのタレ」に使っている。もうひとつは、コンクリートの土管を改造したかまどで、側面に薪の投入口と排気口が開いている。

ご近所さんを誘ってシシ汁をふるまう時には、この移動式のかまどに大釜を載せて、大量の食材を一気に煮込む。

また我が家の風呂は、風呂釜の下で薪を燃やして沸かす、昔ながらの薪風呂だ。ガス給湯器からの配管も通っているけど、一度薪風呂を試してから、夫婦ともすっかりとりこになった。

ガスや灯油で沸かした湯と違って、薪の湯はとにかく湯冷めしにくい。柔らかくて、温泉に入ったように身体の芯からあたたまる。冬は庭からユズを採ってきて湯船に浮かべる。生のヒノキを浮かべて香りを楽しむこともある。

風呂があまりに気持ちよくて、蓄えてあった薪をあと先考えずに消費してしまっていた。

いつも知り合いからスギやヒノキのかかり木（風倒木）を譲ってもらって薪にしているが、そろそろ焚き物のストックが少なくなっていたところだ。薪がなくなったら大変なことになる。

クヌギの伐り出し

朝の罠の見回り途中で、僕が被害対策を担当している畜産家の小久保さんに相談してみた。

「ちょうどよかった！ 畑の脇にクヌギが何本か生えているんだけど、葉が茂る季節は日当たりが悪くてね。切って

持ってってもらえるなら助かるよ。」

　タイミングよく、小久保さんからクヌギを譲ってもらうことになった。罠の見回りを終え、家からチェーンソーを持って戻ってクヌギの伐採に向かった。太さ20ｃｍほどのクヌギだ。
「今はなにも植えてないから、畑に倒しちゃってよかよ。」
　通りがかった小久保さんの知り合いが加勢してくれた。僕とは違って慣れた手つきで次々と伐採していく。作業の邪魔にならないように注意しながら、僕は倒れた木を運びやすく切り分けていった。軽トラックで何度か往復し、大量のクヌギを自宅の庭に積み上げた。
　切ったばかりの生木は、すぐにはキノコの原木には使えない。１ヶ月ほど放置して完全に枯れてからシイタケ菌を打ちこむ。弘子と一緒に、クヌギの山の中から使いやすい原木を選別した。曲がりが強いものは弾き、乾燥させてから薪にすることにした。
「太い木ではナメコやキクラゲを育ててみるか。」
　春にコマ打ちをしたサクラからは、６個ほどのヒラタケの塊が発生した。これがおいしいのなんの、すっかりキノコ栽培が楽しくなった僕は、色々な種類のキノコを育ててみたくなっていた。
　直径が30cmほどもあるクヌギは、シイタケ用には使いづらい。他のキノコのコマを植えることにした。
　翌日は大形さんの親戚の方の山林へ、弘子とスギやヒノキのかかり木を伐採しに行った。
　台風などで倒れかけたかかり木は、もう木材としては使えない。根から折れて、すでに枯れ始めたものもある。生木よりも水分が少ないので、すぐに焚き物にするにはもってこいだ。
　木の反発力で跳ね上がるのを注意しながら、チェーンソーで両側から切込みを入れ、地面へ完全に倒した。切り口からはヒノキのいい香りが漂う。林道をふさいでいた２本のかかり木を処理し、適当な長さに切って軽トラックに積み込み、自宅と二往復した。
「十分な量だと思うけど、もうちょっとあったほうが安心かな。また正月前にでも採りに行こうか。」
　できるだけ山から運んでおかないと、暑い時期にはとてもじゃないが体がもたない。夏は木が水分を多く含んで重く、運び出すのも大変だ。次の運び出しまで

に毎日少しずつ薪割りをやろう。

不猟対策を考える

網猟免許を取得したことを猟友会の先輩方へ報告したところ、引退された猟師さんから、カモ用の捕獲網を譲っていただくことができた。網の手入れをしながら、自分がこの先も職業猟師として生きていくためにどうすればいいのかへ、思いを巡らした。

今年の猟期前、僕はイノシシの大物を獲るぞと意気込んでいた。警戒心の強い大物イノシシの捕獲は猟師の実力を示す。幸い100kg近い大物を仕留めることができた。猟期を重ねて狩りの腕が上がっているのを自覚している。

だが、イノシシは毛鉤用の材料にはならない。精肉施設のない僕がいくら上等のイノシシを獲っても、現金収入にはつながらない。

やはり毛鉤の素材として売れるキュウシュウシカと、マガモを始めとするカモ類が、職業猟師で毛鉤釣り職人の僕の生活の基盤になる。

獣は罠猟での捕獲がほとんどだ。今までの罠猟ではシカを中心に狙っていた。シカの毛は個体ごとに毛質が異なる。シカにこだわった挙句、毛質がいい個体を獲れずに在庫を切らしたのは大きな反省点だ。

カモは気温によって飛来数が大きく異なる。暖冬の昨年はほとんど飛来せず、ひどい不猟を味わった。毛鉤用に加工したカモの羽は4月には在庫がなくなった。おかげで光熱費を支払うのもやっとの、苦しい1年になってしまった。

「自然相手だからねぇ。稼いでほしいけど仕方ないでしょう。」

弘子はやさしく声をかけてくれるが、さすがに同じ失敗を繰り返すわけにはいかない。

有害鳥獣対策で捕獲指示の出る鳥獣の中には、毛鉤の素材として有用な毛や羽が得られるものがいる。シカ、タヌキ、アナグマ、カラスなどは、毛鉤の優秀な素材だ。

高原町の有害鳥獣駆除班に入った僕は、年間を通して、シカを含めた有害鳥獣の捕獲活動を行なうことができるようになった。捕獲鳥獣を毛鉤の材料に加工・販売することは有効活用の一環で町が認めてくれている。毛鉤釣り職人の僕にはとてもありがたい。

ただしシカの毛並みは季節で変わる。

春から秋にかけて生える夏毛は毛足が短く、ボリュームが少ない。毛質も冬毛に大きく劣る。一年じゅう何かしらの獲物を狩ったとしても、必ず毛鉤の素材として使えるとは限らない。

逆に冬毛なら、ほぼすべての狩猟鳥獣が毛鉤の素材に適している。そこで今猟期からは、シカ以外の狩猟鳥獣も積極的に狙うことにした。タヌキ、アナグマ、キツネ、テン、ノウサギなどだ。

これまでは獲れても数が少ないために、ほとんど自家使用の毛鉤材料に回していた。真剣になって捕獲数をそろえ、商品として安定出荷できる態勢を整えたい。

シカやカモが不猟の時、他の獣毛商品が収入を補てんしてくれるだろう。

新しく網猟も始めることだし、まずは稼ぎ頭のカモを少しでも多く確保しなければならない。猟期中は忙しくなる一方だ。

わがままな猟師

以前は資金を貯めて精肉処理設備を建て、獲物の精肉販売をしたいと考えていた。だが最近は、お肉の販売はやめようという気持ちが強まっている。

僕はもともと獲物の肉を売ろうと思って、狩猟を始めたわけではない。野生肉は我が家では日々の食材だ。

僕の周りの人たちを笑顔にしてくれる山の神様からの贈り物を、グラムいくらでお金に換えるのは、僕の場合はどうしても抵抗がある。

他の人の考え方はともかく、山の恵みにはお金以上の価値があるんじゃないだろうか。

とはいえ貨幣経済社会で生活する以上は、やはりお金がなければやっていけない。獲物の副産物である毛皮と羽を、毛鉤の素材に加工販売するだけで楽に生活できるほど、世の中は甘くない。ここまででよく分かった。

適切な処理をした上質の野生鳥獣のお肉は、すばらしくおいしい。そしてとても繊細だ。解凍や調理法が合っていないと、いとも簡単にまずくなる。

しかも鳥獣ごと、部位ごとで、おいしい調理法は変わる。それを知らないとせっかくの良いお肉も台無しになってしまう。

いつかは僕が狩りして僕が調理した、確実においしいと言ってもらえるお惣菜を、皆さんに食べてもらいたい。

その場合も自家消費分以上の余剰の獲物があった時に限る。お総菜の材料に使うのは、自分が狩りして納得して獲った鳥獣だけだ。
　僕はわがままな猟師でいい。

自分のためが誰かのために
　幼い頃から釣りが好きだった僕は、身近に自然があふれている暮らしに、ずっと憧れていた。生まれ育った川崎から高原町に移住して6年目になるが、一度も川崎へ帰りたいと思ったことがない。
　川崎の自宅は24時間人の流れが絶えず、夜はネオンがきらめく繁華街にあった。その環境が当たり前だった。
　今の僕は野生動物と同じで、自然のない環境では暮らしていけない。収入面の苦労は多いけれど、山や河に一歩出れば、日頃の悩みは吹っ飛んでいく。
　川崎では、フライフィッシングの毛鉤を巻いて販売することを生業にしていた。オリジナルの毛鉤を開発して、お客さんから「釣れたよ」と言ってもらえるのは最高だった。フライタイヤーという自分の職業に誇りを持ってやっていたし、それなりの収入もあった。
　高原町に移住してきたのは、自分の大切な趣味で、仕事でもあるフライフィッシングを中心にした生活をしたい、という思いからだった。それが実際に自然の中で過ごす時間が増えると、ただ稼ぐだけじゃ生きている楽しみがないと感じるようになった。
　狩猟を始めたきっかけは、自分の納得のいく毛鉤用の素材を、いつでも入手するためだ。その狩りがいつのまにか人の役に立つ、僕の特技になった。
　僕が提供する有害鳥獣対策で被害が減れば感謝される。地域の方々から頼りにされているのを実感する毎日は、素直に嬉しくてやりがいがある。
　農家の方の安心したり、喜んでくれる顔を見ると、狩猟という特技を身につけて本当に良かったと思う。
　都会からやって来た僕が、何十年も高原町に住んでいる方々から頼られるなんて、本当に不思議だ。隣人に無関心だった川崎時代の僕では考えられない。
　もともとは自分の釣りのための狩りだったのに、現在は釣りより狩りの方に、気持ちのウエイトが大きく傾いている。それは狩りによって地域の人たちと深く繋がったからだ。

狩りを通じて地元の猟師さん、ご近所さん、農畜産家や林業家さんたちとの濃密で充実した人間関係が得られた。
　僕が僕にしかできない仕事をすることで、みんなが笑顔になってくれる。みんなに喜んでもらいたいから、僕ももっとがんばれる。それはお金では得られない幸せの繋がりだ。
　高原町に来た当初は、田舎暮らしに憧れて東京を捨てて妻の出身地へ婿入りしてきました、仕事でフライフィッシングに使う毛鉤を巻いています、と自己紹介するのが僕のきまりだった。
　そんな僕を高原町の人々は、「東京からやって来た変わったお兄ちゃん」として珍しがり、とても親切にしてくれた。
　もしあのまま僕が、自分の好きな釣りしかしてこなかったとしたら、高原町での暮らしは、中身の薄いものになっていたろう。色々な面で行き詰まり、川崎へ帰っていたかもしれない。当然、弘子にも愛想をつかされたはずだ。
　いま弘子が文句を言いながらも僕の応援をしてくれるのは、僕の仕事が少なからず、地域の人たちの役に立っていると感じてくれているからだと思う。
　弘子とは、川崎でのフライタイヤー時代に知り合ってつき合い始めた。二人ともまだ二十代だった。あの頃と今の僕の姿をくらべてどう感じているのかを、今度弘子に聞いてみたい。
　ビールを与えて機嫌のいいときに。

自然の声を聞きながら
　僕の家族は、山奥で生活しているわけではない。電気もガスも水道もあるし、電話やインターネットも通じる。暮らしのインフラのすべてを自然まかせとなると、それはもう大変だ。自分たちの手に負える範囲内で、自然の力を借りながら暮らしていきたい。
　移住してから今まで、興味のおもむくまま経験のないことに挑戦してきた。それぞれの道のプロの方の苦労をほんの少しだけ、自分の体験で分かった。
　野菜ひとつ育てるのも、一パックのお肉を店頭に並べるまでの苦労も、高原町で暮らして自分で汗を流して、初めて知ったことだ。
　狩猟の現場では学ぶことばかりだ。都心部で暮らしていたら、増えすぎた野生鳥獣による農作物被害の実態や、自然環境への影響は、絶対に表面上しか分からない。

人が自然をコントロールするなんて、おこがましい。しかしだからといって何も働きかけなければ、どんどん迫ってくる自然の力に、人が生活を脅かされる現実がある。

　人の暮らしが今のかたちになっている以上は、野生動物と共存するというのは理想論かもしれないとすら思う。

　色々なことを思い浮かべながら無双網の手入れをしていると、なんとなくだけど、その先の答えが見えてきた気がした。

「まぁ、一度にたくさん獲ったところで解体できないし、質のいいカモがほどほど獲れればいいや。獲りすぎればカモだって怯えて飛んで来なくなるし。」

　自然の声を聞きながら、自分で処理しきれる数を獲ればいい。儲かるからと手当たり次第に野生動物を獲るのは、それこそ人間のエゴってやつだ。

　釣った魚を必要以上に持ち帰らないのと同じで、欲張らなければ山はまた、次のシーズンまでにありがたい山の恵みを育んでくれる。

　次の季節に繋がる狩りを地道にやっていくことが、僕なりの自然と共生する生き方であるような気がする。

　弘子の顔色を見ながら、やりすぎない程度に獲物を持ち帰ろう。

　きっと、それでいいはずだ。

じゅんばぁと白菜と僕

今季もカモの飛来数が少なく、焦りを感じながら猟場を歩いています。自然が相手ですから、思うようにいかないことも。

今季から始めた網猟は2月に入ってようやく初めて仕掛けました。網を仕掛けようと狙っていた場所は河川工事が入って端から潰れていました。1カ所だけ猟期終了2週間前に工事が終わり、カモが居着きはじめたので急いで掛けました。

日中に餌を撒いておくと、翌朝にはキレイになくなっています。いよいよ無双網での捕獲チャンス到来です。残り少ない猟期ですがなんとか捕獲したいものです。

これまでは焼却したり、埋設処分されてきた有害鳥獣対策の獲物を、有効利用しようという全国的な流れがあります。僕は毛鉤職人としての自分の技術を用いて、毛鉤用の素材を製作したり、鳥よけの仮剥製を作って防除に役立てもらっています。

獲物の肉も毛皮も羽も、山の恵みです。僕なりのやり方で無駄なくいただきます。

野生肉に注目が集まっている現在は、職業猟師といえば、獲物の肉を販売するのがふつうかもしれません。でもほんの数十年前まで職業猟師の主な収入源は、衣類に使用するためのキツネ、ノウサギ、テンなどの毛皮で、たいへんな高値で取り引きされていたと聞きます。

僕の場合、獲物のお肉は商品ではなくて、我が家の日常食です。使用目的は違えど、昔の猟師のように、狩りの獲物の毛皮や鳥の羽をお金に換えて、生活しています。町の鳥獣被害対策に携わり、地域の方の暮らしを助け、また助けていただきながらの日々が続いています。

こういったかたちの職業猟師が、現代社会で食べていけるのか。毎年変化する自然を相手に、どこまでやれるのか。不安は尽きませんが、その時々の状況に合わせて、自分ができることをやっていきます。人と同じことをやっていては面白くありません。

山と河から恵みをいただく暮らしは、毎日が新しい挑戦の連続です。自然の声を聞き工夫を重ね、先輩方の知恵を借りれば、きっとうまくいきます。山と河が導いてくれます。

僕は今、僕の仕事で笑顔になってくれる誰かがいてくれることに、たまらなく人生を楽しいと感じています。

2017年2月　牧 浩之

山と河が僕の仕事場 ②
みんなを笑顔にする仕事
おわりに

山と河が僕の仕事場②
みんなを笑顔にする仕事

著者 　　　　　牧 浩之　Hiroyuki Maki

挿入写真：牧浩之、大迫弘子
ご協力感謝：しゃくなげの森、池辺ヤマメ養殖場、高原町役場、高原町猟友会
　　　　　　高原町の皆さん

※本書は、『フライの雑誌』第107号〜第110号掲載の【フライ職人のひとりごと】、同【高原町通信】
で発表したものを大幅に加筆、改編し、新たに書き下ろしを加えたものです。

発行日　　　　２０１７年２月28日
編集発行人　　堀内正徳
発行所　　　　（有）フライの雑誌社
　　　　　　　〒191-0355　東京都日野市西平山2-14-75
　　　　　　　Tel.042-843-0667　Fax.042-843-0668
　　　　　　　http://www.furainozasshi.com/
印刷所　　　　（株）東京印書館
無断複製、許可なく引用を禁じます

copyrights 　　Hiroyuki Maki ／ Furai no Zasshi
Published/Distributed by FURAI-NO-ZASSHI　2-14-75 Nishi-hirayama,Hino-city,Tokyo,Japan

フライの雑誌社の単行本

山と河が僕の仕事場
頼りない職業猟師＋西洋毛鉤釣り職人が
できるまでとこれから

牧 浩之 =著

川崎生まれの都会っ子が、妻の実家の宮崎県高原町へ、Iターン移住。驚きと喜び、涙と笑いに満ちた21世紀の「釣りと狩りの暮らし」を、底抜けに明るい筆致で綴ります

A5判　192頁（カラーグラビア16ページ）
ISBN　978-4-939003-64-6　本体1,600円　**重版・2刷**

バンブーロッド教書
[The Cracker Barrel]

バンブーロッド本の決定版！

アメリカ、ヨーロッパ、南半球、日本の竹竿（バンブーロッド）魅力と歴史、作り方と選び方、遊び方、作例、その全て

永野竜樹　=訳者
ISBN 939003-57-8
A5判　272頁　本体3,619円

新装版 水生昆虫アルバム
A FLY FISHER'S VIEW

各界から大絶賛！
読み継がれる新しい古典

水生昆虫とフライフィッシングの本質的な関係を、独自のまったく新しい視点で展開する衝撃の一冊

島崎憲司郎　=文・写真・イラスト
1997年初版　3刷・新装版
ISBN 939003-15-8
A4判変形　288頁　本体6,285円

淡水魚の放射能

水口憲哉　=著
川と湖の魚の放射能汚染を解析。福島原発事故後の未来を占う
939003-52-3
A5判　本体1,143円

目の前にシカの鼻息

樋口明雄　=著
大藪賞受賞作家、ユーモアと人間味あふれる待望の初エッセイ集！
939003-44-8
四六判　本体1,714円

桜鱒の棲む川

水口憲哉　=著
世界唯一のサクラマス単行本。サクラマスの秘密を知りたい方の必読書
939003-39-4
四六判　本体1,714円

文豪たちの釣旅

大岡玲
文豪14人が描いた釣りと旅と作品を芥川賞作家・大岡玲が楽しくご案内
939003-50-9
新書判　本体1,143円

イワナをもっと増やしたい！

中村智幸
渓流の愛らしいイワナたちを幻の魚にしないために、今すぐできること
939003-27-1　2刷
新書判　本体1,143円

朝日のあたる川

真柄慎一　=著
29歳、家無し、職無し、彼女無し。赤貧にっぽん釣りの旅23,000km！
939003-41-7
新書判　本体1,143円

http://www.furainozasshi.com/

（有）フライの雑誌社
東京都日野市西平山2-14-75　TEL.042-843-0667